Der offizielle Radelführer des MVV

Radeln
mit dem MVV

52 Touren
rund um München

Alexander Freitag / Klaus Wergles

BRUCK

W0172541

Inhaltsverzeichnis

Inhaltsverzeichnis

Radeln mit dem MVV?

Wer sich in der Freizeit auf das Fahrrad setzt, ist natürlich unabhängig und kann fahren, wohin er will. Und so weit er kann.

Die eigene Kraft setzt da Grenzen. Mit dem MVV wird der Radius dagegen größer, und das macht die Verknüpfung des Fahrrads mit U-Bahn und S-Bahn besonders reizvoll: Der Ausflug mit dem Radl beginnt kräfteschonend und zeitsparend erst draußen im schönen Umland: Es geht weiter hinaus, und so gibt es mehr zu sehen und zu erleben.

„Radeln mit dem MVV" will Ihnen mit 52 lohnenden Touren bei Ihrer Ausflugsplanung helfen. Sie beginnen und enden alle an einem Schnellbahnhof und führen mit einer Ausnahme ins Umland hinaus.

Zu allen Vorschlägen gehören eine ausführliche Routenbeschreibung, eine farbige Kartenskizze und viele Informationen über die zahlreichen Sehenswürdigkeiten am Weg, ergänzt und angereichert durch viel Wissenswertes über Landschaft, Land und Leute.

Viele der Tourenvorschläge orientieren sich mit freundlicher Genehmigung des Autors an Hans Ulrichs Band „Radeln rund um München": Die Tipps wurden überarbeitet, neue Gegebenheiten berücksichtigt. Die kunstgeschichtlichen Erläuterungen zu den im Führer genannten Kirchen und Klöstern, Burgen und Schlössern stützen sich auf das „Handbuch der Deutschen Kunstdenkmäler, Oberbayern", von Dehio/Gall und die bewährten kleinen Kirchenführer aus dem Verlag Schnell & Steiner. Zahlreiche Farbfotos zu den Tipps wollen Ihnen zusätzlich Appetit auf einen Ausflug mit dem Fahrrad ins Umland machen.

Der Huckepack-Service des MVV steht Ihnen gern zu Diensten. Sicher haben Sie aber Verständnis dafür, daß dabei einige „Spielregeln" zu beachten sind. Sie sind auf der nächsten Seite erläutert. Der Radlausflug mit dem MVV wird dadurch noch komfortabler.

Gute Erholung und viel Vergnügen beim Radeln.
Ihr MVV

Fahrradmitnahme beim MVV
Alles was Sie wissen müssen

Wer?
Jeder darf nur ein Fahrrad mitnehmen, ein Kind bis 11 Jahre nur, wenn jemand mitfährt, der schon 15 Jahre alt ist.

Was?
Die Mitnahmeregeln gelten für „normale" Fahrräder. Räder mit mehr als einem Sitz (z. B. Tandems), mit mehr als zwei Rädern, mit einer Sonderkonstruktion oder mit Motor-Ausrüstung dürfen nicht mit.

Wo?
Ein Fahrrad können Sie mitnehmen:
– in der U-Bahn und in der S-Bahn in den dafür freigegebenen Eingangsbereichen, jedoch höchstens zwei Fahrräder an jedem Eingang;
– in den Zügen der Linie A in den Mehrzweckabteilen, hier auch mehr als zwei, wenn es genügend Platz gibt;
– in den Nahverkehrszügen der Bundesbahn und der Bayerischen Oberlandbahn, bei denen die MVV-Fahrkarte gilt, in den Eingangsbereichen.

Wann?
– An Samstagen, Sonntagen und Feiertagen können Sie jederzeit mit dem Fahrrad einsteigen.
– Während der Hauptverkehrszeiten an Werktagen (Montag bis Freitag) dürfen Fahrräder bei der U-Bahn und bei der S-Bahn nicht mit. Die Hauptverkehrszeiten sind morgens zwischen 6.00 und 9.00 Uhr und nachmittags von 16.00 bis 18.00 Uhr
– In den Schulferien können Sie dagegen an Werktagen auch nachmittags das Fahrrad mitnehmen.

Wieviel?
Zusätzlich zur eigenen Fahrkarte entwerten Sie für jede Mitfahrt des Fahrrads eine Einzelfahrkarte für 1 Zone oder 2 Streifen der Erwachsenen-Streifenkarte. Kinder (6–14 Jahre) entwerten für das Fahrrad eine Kindereinzelfahrkarte oder 1 Streifen der Kinderstreifenkarte.
Außerdem gibt es für Erwachsene eine Fahrrad-Tageskarte, mit der man an einem Tag beliebig oft das Rad mitnehmen kann. Kinder entwerten dazu eine Kinder-Tageskarte (zusätzlich zur eigenen).

Und sonst?
– Während der gesamten Fahrt müssen Sie das Fahrrad festhalten, es sei denn, Sie können in den Zügen oder Abteilen vorhandene Sicherungsvorrichtungen für das Fahrrad benutzen.
– Auf den Bahnsteigen darf man nicht Rad fahren, sondern muss das Rad schieben.
– Fahrräder dürfen nicht auf die Rolltreppen, sie müssen auf den festen Treppen getragen werden.
– Zusammengeklappte Fahrräder dürfen Sie auch während der Hauptverkehrzeiten an Werktagen mitnehmen. Sie gelten als Handgepäck, ihre Mitnahme kostet nichts.

Zum Kranzberger See

Im Freisinger Norden entstand ein großes Erholungsgebiet

Abfahrt ab München
alle 20/40 Minuten.

Fahrzeit: 42 Minuten.

Fahrpreis: 3 Zonen/
6 Streifen.

Rückfahrt S1 ab Freising.

Route: Wippenhausen –
Burghausen – Tünzhausen –
Eberspoint – Hohenbachern.

Weglänge: 25 km.

Anspruch: Eine landschaftlich reizvolle, abwechslungsreiche Tour mit einigen
mäßigen Steigungen, über-
wiegend auf geteerten
Straßen, zwischen Kranzberg
und Hohenbachern auf befes-
tigtem Forst- bzw. Feldweg.

Das nördlichste Erholungsgebiet in der Region
München ist der Kranzberger See. Wie viele
andere wurde er nach Kiesabbau auf Initiative
des „Vereins zur Sicherstellung überörtlicher
Erholungsgebiete in den Landkreisen rund um
München" zur Naherholungsoase ausgebaut.
Hier kann man herrlich baden, surfen, segeln,
es gibt ausgedehnte Liegewiesen mit Schatten-
bäumen und auch eine Gaststätte. Ein Teil des
Sees wurde ganz der Natur als geschütztes
Biotop zurückgegeben.

Die Radltour

Am Bahnhofsplatz halten wir uns links und
fahren über die Saarstraße und die Johannis-

straße zur Wippenhauser Straße, auf der wir – ab Stadtrand auf Radweg – die Stadt verlassen. Wir fahren durch den Ort Wippenhausen weiter in Richtung Kirchdorf. Kurz hinter Burghausen nehmen wir die Abzweigung links nach Schnotting und Tünzhausen. Dort halten wir uns links nach Schönbichl, dann wieder rechts nach Eberspoint und weiter nach Kranzberg. Auf der Oberen und Unteren Dorfstraße kommen wir zum Erholungsgebiet am Kranzberger See. Auf dem Rückweg radeln wir nach Kranzberg zurück, nehmen dort die Hohenbachernstraße in östlicher Richtung, durchqueren den Kranzberger Forst, kommen nach Hohenbachern und weiter in Ostrichtung nach Vötting.

> **Einkehren am Weg**
> **Kranzberg:** Metzgerwirt, Gaststätte Kranzberger See; **Freising:** Bräustüberl Weihenstephan.

Badeparadies im Norden – der Kranzberger See.

Einen guten O'bazd'n
gibt's nicht überall. Mit dem Rezept der beliebten Brotzeit hält es jeder Wirt anders. Es gehören wenige gute Zutaten hinein: heimischer, reifer Camembert, Butter, Zwiebel, Bier, ansonsten Gewürze: Salz, Pfeffer, Paprika (süß)... In Weihenstephan, heißt es, gibt's den besten.

Auf der Vöttinger Straße geht es dann ins Zentrum, zur Johannisstraße und zur S-Bahn zurück. Der Abstecher nach Weihenstephan führt an der Einmündung der Hohenbachernstraße in die Vöttinger Straße nach rechts den Berg hinauf.

Sehenswert (s.a. Tipps 2,3,4,49)

Das Wahrzeichen der Stadt, der **Dom St. Maria und St. Korbinian** mit weit im Umkreis sichtbarem Doppelturm, ist zugleich einer der schönsten Sakralbauten Bayerns. Als der große Brand des Jahres 1159 den frühesten Kirchenbau aus dem 8. Jahrhundert zerstört hatte, entstand eine romanische dreischiffige Pfeilerbasilika mit zwei Westtürmen und zwei Apsiden. Gotik und Renaissance drückten ihr ihre neuen Stilsiegel auf. Seine heutige prachtvolle Barockausstattung erhielt der Dom unter Fürstbischof Franz Ecker von den Brüdern Asam (Stuckierung und Gemälde). Das Hochaltargemälde, die apokalyptische Maria, schuf Peter Paul Rubens (Kopie, Original in den Staatsgemäldesammlungen in München). Die Brüder Asam gestalteten auch die in Rot, Weiß und Gold gehaltene Johanneskapelle in der ursprünglichen Apsis des südlichen Seitenschiffs (um 1729). Die Domkrypta ist eine der größten des 12. Jahrhunderts. Drei Reihen von jeweils acht Säulen tragen zusammen mit 21 Wandsäulen das Tonnengewölbe. Eine von ihnen ist die berühmte Bestiensäule, die Dämonen und Drachen zieren.

Den Domplatz begrenzt im Norden die **Johanniskirche.** Sie stammt aus der Zeit der Hochgotik und ist die ehemalige Taufkirche auf dem Domberg. 1319–1321 wurde die dreischiffige Basilika als Kollegiatsstift und bischöfliche Hofkapelle gebaut. Die Bischofsresidenz auf der Westseite steht am höchsten Punkt der Anhöhe, wo sich einst die Agilofingerburg befand. Ihr Arkadenhof von 1519 gilt als schönes Zeugnis für Frührenaissance in Oberbayern.

Durch die Oberen Isarauen

An der Stoibermühle gehen die Freisinger baden

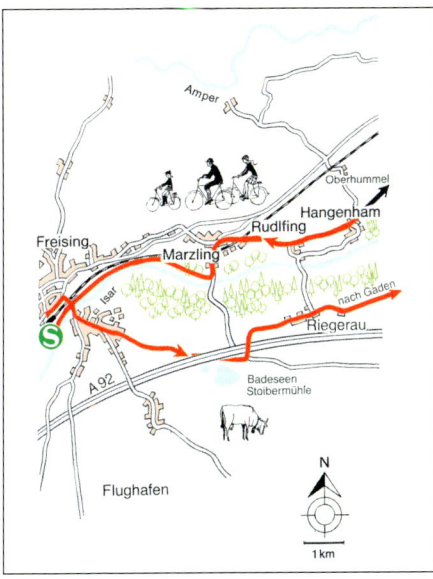

Abfahrt ab München
alle 20/40 Minuten.

Fahrzeit: 42 Minuten.

Fahrpreis: 3 Zonen/6Streifen.

Rückfahrt: S1 ab Freising.

Route: Stoibermühle –
Riegerau – Gaden –
Hangenham – Marzling.

Weglänge: 20 km.

Anspruch: Wir fahren durch
lichten Auwald und hüge-
liges Bauernland, überwiegend auf Teerstraßen und
befestigten Kieswegen.

Die Domstadt im Münchner Norden ist die älteste Stadt an der Isar. Hier entstanden das erste deutsche Güterverzeichnis (heute in der
Bayerischen Staatsbibliothek), das älteste Buch
in deutscher Sprache, das erste Kirchenlied,
der erste Frührenaissancebau Altbayerns (die
ehemalige fürstbischöfliche Residenz an der
Stelle der alten Agilolfischen Burg am höchsten Punkt des Dombergs).

Die Radltour
Vom Bahnhof fahren wir noch ein kurzes Stück
auf der Ottostraße (rechts), unterqueren dann
die Bahn und erreichen wenig später die Erdinger Straße, der wir nun nach rechts über die

Isar und weiter bis zum Stadtteil Lerchenfeld folgen. An der Kirche St. Lantpert geht es halblinks weiter auf der Moosstraße Richtung Stoibermühlsee. Kurz vorher, hinter der Autobahnbrücke, biegen wir jedoch nach links ein und radeln nun immer in östlicher Richtung nach Riegerau, Hirschau und durch den Auenwald nach Gaden. Dort nehmen wir am Ortsende die (Isar-)Straße nach Norden, überqueren den Fluss und kommen nach Oberhummel. Am Ortsanfang biegen wir links in die Mühlbachstraße ein, überqueren den Mühlbach und erreichen in Windham die Fahrstraße, die uns nach links in westlicher Richtung über Hangenham und Rudlfing nach Marzling führt. In der Ortsmitte nehmen wir nach links die Isar-

Weithin sichtbares Wahrzeichen der Stadt sind die weißen Türme des Freisinger Doms.

straße. Vor der Brücke biegen wir nach rechts ein und radeln am Nordufer durch die Isarauen nach Freising zur Erdinger Straße und zum Ausgangspunkt zurück.

Einkehren am Weg
Marzling: Gaststätte Alter Wirt, Zur Stoibermühle;
Freising: Bräustüberl Weihenstephan.

Sehenswert (s.a. Tipps 1, 3, 4, 49)

Eine Reise war für viele Menschen früherer Zeiten Anlass wie Gelegenheit, Gott näher zu kommen. Die ältesten Wallfahrten in Bayern konzentrierten sich auf die Gräber der ersten Missionare und Bischöfe, der Heiligen Korbinian, Emmeram oder Ulrich. Mit den Kreuzzügen gelangten zahlreiche „Heiltümer", Reliquien aus dem Heiligen Land, nach Bayern, deren Aufstellung Wallfahrten entstehen ließ (z.B. Scheyern, Ramersdorf oder auch Andechs). Im 15. Jahrhundert kamen Wallfahrten auf, die sich auf Gnadenbilder konzentrierten (wie in Altötting). Letztere erlebten im 17. und 18. Jahrhundert im süddeutschen Raum eine besondere Blütezeit. Wallfahrt in Bayern ist ein Thema, zu dem im **Diözesanmuseum** auf dem Freisinger Domberg eine sehenswerte Sammlung von Gnadenbildern, Medaillen, Hinterglasbildern, Votivgaben und vieles mehr zusammengetragen ist. Weitere Sammelthemen religiöser Volkskunst im Diözesanmuseum: Andachtsgraphik, Reliquienkult, klösterliche Bildstickerei, Andachtsgeräte, Amulette, Wachsstöcke, Kreuze und Rosenkränze.

Das Diözesanmuseum, seit 1974 im spätklassizistischen Gebäude des ehemaligen Knabenseminars auf dem Domberg untergebracht, ist mit rund 12 000 Kunstwerken das größte kirchliche Museum Deutschlands. In vier Stockwerken werden vorwiegend Objekte aus Altbayern, Salzburg und Tirol gezeigt. Das Museum ist täglich außer montags von 10.00 bis 17.00 Uhr geöffnet.

Sonderausstellungen, wissenschaftliche Kolloquien, Führungen und Tagungen, auch zusammen mit dem Bildungswerk auf dem Domberg, ergänzen das Museumsangebot.

Ausflug ins Ampermoos

Die „Kleine Wies" ersparte die Wallfahrt nach Steingaden

Abfahrt ab München
alle 20/40 Minuten.

Fahrzeit: 42 Minuten.

Fahrpreis: 3 Zonen/6Streifen.

Rückfahrt: S1 ab Freising.

Route: Tüntenhausen – Zolling – Haag – Moosmühle – Jaibling – Attenhausen.

Weglänge: 20 km

Anspruch: Flussauen und hügeliges Bauernland kennzeichnen diese Route; der erste Teil auf belebter Strecke, der zweite auf verkehrsarmen Wegen.

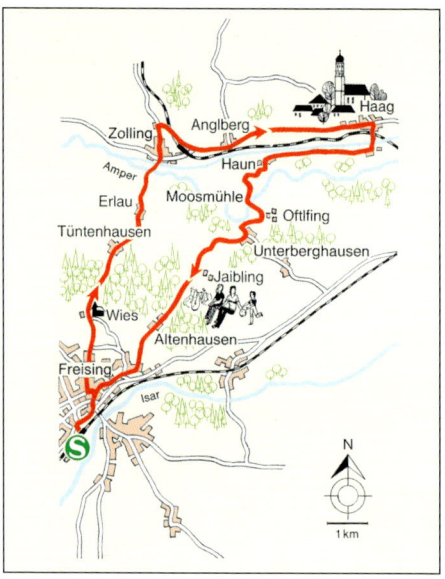

Der Weg war weit und beschwerlich: Rund 30 Gehstunden benötigten Freisinger Pilger 1740, um in der berühmten Wieskirche bei Steingaden am Bild des gegeißelten Heilands ein Bittgebet zu sprechen. Solcher Mühsal gedachte der Feld- und Forstaufseher des Domkapitels abzuhelfen, ließ vom Freisinger Hofmaler Johann Jäger eine Kopie des Gnadenbildes anfertigen und stellte sie an der Straße nach Tüntenhausen auf. Schon bald entstand dort eine kleine Kapelle, die von vielen Wallfahrern besucht wurde, dann eine Kirche mit Kuppel, in der das Gnadenbild 1748 Einzug hielt. 1759 stellte man den Hochaltar auf, 1761 folgte die Freskierung, 1764 die feierliche Kirchenweihe.

Die Radltour

Vom Bahnhofsvorplatz erreichen wir geradeaus über die Bahnhofstraße die Obere Hauptstraße (Stadtmitte). Hier biegen wir rechts ein,
fahren weiter an der Mariensäule vorbei auf
der Unteren Hauptstraße und der General-
von-Nagel-Straße zur Mainburger Straße, die
uns nach Norden aus der Stadt heraus und (als
Bundesstraße 301, „Deutsche Hopfenstraße")
an der Wieskirche vorbei nach Tüntenhausen
und Zolling führt. Dort nehmen wir nach
rechts die Palzinger Straße und die Moosbur-
ger Straße nach Angelberg, am Kraftwerk vorbei und nach Haag. Kurz vor dem Ortsende
biegen wir rechts in die Hagenaustraße ein,
überqueren die Bahn und den Werkskanal und
radeln nun nach rechts am Kanal entlang. Kurz

*Die „Kleine Wies" –
gebaut für eine Kopie
des großen Vorbilds.*

Einkehren am Weg
Zolling: Gasthaus
Hörhammer;
Haag: Schlossbrauerei.

hinter Unterschwaig biegen wir nach links ab, fahren nach Hacklschwaig und weiter nach Moosmühle. Ein kurzes Stück weiter überqueren wir auf schmalem Steg die Amper und kommen nach Oftling, wo wir rechts nach Unterberghausen abbiegen. Im Ort nehmen wir dann die Fahrstraße nach rechts, auf der wir über Jaibling und Altenhausen nach Freising-Neustift und zum S-Bahnhof zurückkommen.

Sehenswert (s.a. Tipps 1, 2, 4, 49)

Als einzigartig wird die Barockausstattung der ehemaligen Prämonstratenser Klosterkirche **St. Peter und Paul** im Ortsteil Neustift (nova cella) von Freising gerühmt. Die Klostergründung geht auf das Jahr 1141 zurück. Der Barockbaumeister Giovanni Antonio Viscardi begann im Jahr 1700 mit dem Bau der Kirche. 15 Jahre dauerte es, sie zu vollenden. Wenige Jahre später nur fiel sie bei einem verheerenden Brand in Schutt und Asche. Zwischen 1751 und 1756 errichtete der berühmte Johann Michael Fischer sie neu. Vor einigen Jahren von Grund auf restauriert, zeigt sie sich heute in der ursprünglichen Pracht und Schönheit. Der Hochaltar von 1756 ist ein Meisterwerk Ignaz Günthers. Er schuf auch das Chorgestühl und die östlichen Seitenaltäre. Die herrliche Stuckatur stammt von Franz Xaver Feichtmayr. Die Deckenbilder sind ein Spätwerk Johann Baptist Zimmermanns (1756).

Die **Gottesackerkirche** stammt aus spätgotischer Zeit (1543–45), der Westteil und der Turm vom Anfang des 18. Jahrhunderts. Im schönen Hochaltar (um 1760) dominiert eine Muttergottes aus der zweiten Hälfte des 16. Jahrhunderts.

Zu den Fischteichen im Moor

Auf dem Freisinger Berg steht die älteste Brauerei der Welt

Abfahrt ab München
alle 20/40 Minuten.

Fahrzeit: 42 Minuten.

Fahrpreis: 3 Zonen/
6 Streifen.

Rückfahrt: S1 ab Freising.

Route: Vötting – Giggenhausen – Moosmühle –
Achering – Pulling – Vötting.

Weglänge: 22 km.

Anspruch: Eine leichte Tour
durch ebenes Gelände aus
Wiesen und Feldern des kul-
tivierten Moors und des
Landschaftsschutzgebietes
Freisinger Moor. Eine kurze
„Bergstrecke" ist nur nach
Weihenstephan hinauf zu
bewältigen.

Seit mehr als tausend Jahren wird in Freising Bier
gebraut. Belegt ist die Kunst seit 1040. Damals
wurde den Benediktinermönchen von Weihenstephan – seit 1020 dort ansässig – das Braurecht ver-
liehen. Eine frühere Lizenz ist nirgends bekannt.
So kann sich die heutige Staatsbrauerei rühmen,
älteste Braustätte der Welt zu sein. Der Wettbe-
werber am Ort, das Hofbrauhaus Moy, sieht seine Anfänge in der Zeit ganz früher Freisinger
Bischöfe. Das erste urkundliche Zeugnis macht
es aber „jünger"; es stammt aus dem Jahr 1160.

Die Radltour

Vom Bahnhof fahren wir auf der Bahnhofstraße zur Stadtmitte, biegen nach links in die

Die Obere Hauptstraße in Freising mit dem Turm von St. Georg.

Obere Hauptstraße und bleiben an deren Ende weiter geradeaus auf der Vöttinger Straße. In Vötting behalten wir die westliche Richtung auf der Giggenhauser Straße bei. In Giggenhausen biegen wir nach links in die Haupt-

straße ein und wenig später nochmals nach links zur Moosmühle und weiter an zahlreichen Fischteichen vorbei nach Achering. Hier nehmen wir nach links die Straße nach Pulling, radeln durch den Ort und kommen durch das Untere Moos wieder zur Giggenhauser Straße. Auf der Route des Herwegs geht es nun zum Ausgangspunkt zurück. Der Abstecher nach Weihenstephan zweigt nach rechts bei der Einmündung der Hohenbachernstraße von der Giggenhauser Straße ab.

Einkehren am Weg
Achering: Gasthaus Schredl;
Freising: Bräustüberl Weihenstephan.

Sehenswert (s.a. Tipps 1, 2, 3, 49)

Aus dem Jahr 1674 stammt die **Mariensäule** auf dem Freisinger Marienplatz. Sie ist der Münchner Mariensäule vor dem Rathaus (errichtet 1638) nachempfunden. Auf dem Sockel sind die vier Stadtpatrone dargestellt: Korbinian, Sigismund, Norbert und Franziskus.

Schon sehr früh wurde am Fuß des Domberg für die kleine Siedlung eine eigene Kirche errichtet: St. Jörg im Moos. Um 1200 entstand an der Stelle des früheren, beim Stadtbrand 1159 und 1183 zerstörten Gotteshauses eine größere und schönere Kirche, die ab 1230 auch als **Pfarrkirche St. Georg** der Stadt urkundlich belegt ist. Sie musste um 1440 einem Neubau weichen, einer dreischiffigen, weiträumigen Hallenkirche mit überhöhtem Mittelschiff. Der 80 Meter hohe Westturm (1679–89) gilt als einer der schönsten Barocktürme des Landes. Zur Innenausstattung gehören wertvolle Figuren und Reliefs aus dem 15. und 16. Jahrhundert. Die Kirche und der Friedhof St. Georg dienten über viele Jahrhunderte den Bürgern der Stadt und insbesondere den hochgestellten Persönlichkeiten als einzig verfügbare Begräbnisstätte. So erklärt sich die große Zahl künstlerisch und kulturgeschichtlich sehr wertvoller Grabmonumente und Grabsteine im Inneren und an der Außenmauer der Kirche.

Ausflug in die Amperauen

Die Amper wird zum Vogelparadies am Stadtrand

Abfahrt ab München
alle 20/40 Minuten.

Fahrzeit: 21 Minuten.

Fahrpreis: 2 Zonen/
4 Streifen.

Rückfahrt: S2 ab Dachau.

Route: Neuhimmelreich –
Graßlfing – Eisolzried –
Bergkirchen – Günding.

Weglänge: 20 km.

Anspruch: Eine kurze, aber
sehr abwechslungsreiche
Tour abseits vom Verkehr
und ohne nennenswerte
Steigungen.

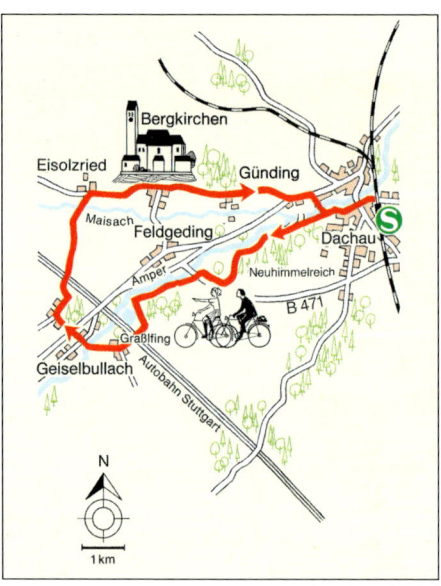

Dachau wird urkundlich erstmals im Jahre 805, fünf Jahre nach der Krönung Karls des Großen zum Kaiser, erwähnt (München erst Mitte des 12. Jahrhunderts). Seit Beginn des 12. Jahrhunderts ist der Ort Sitz der Grafen von Dachau. Mit dem Aussterben des Grafengeschlechts geht Dachau in den Besitz der Wittelsbacher über. Schon im 13. Jahrhundert erfolgte die Verleihung der Marktrechte. Zur Stadt wurde Dachau erst 1933. Seit der Großen Gebietsreform ist es Große Kreisstadt.

Die Radltour

Vom Bahnhof fahren wir nach rechts auf der Frühlingsstraße bis zur Schleißheimer Straße.

Hier biegen wir nach links ein und fahren bei der Amperbrücke geradeaus weiter auf der Ludwig-Dill-Straße an den Städtischen Bädern vorbei bis wir wieder die Amper erreichen. Unser Weg setzt sich nun nach links auf dem südlichen Uferweg fort. Bei Neuhimmelreich

Blick auf St. Jakob vom Dachauer Schlossberg.

Einkehren am Weg
Bergkirchen: Gasthof Feldl;
Dachau: Alte Liebe,
Zieglerbräu (Oberstadt).

fahren wir ein Stück nach rechts auf der Fahrstraße, biegen dann wieder nach links auf den Amperuferweg ein, den wir an den Kläranlagen verlassen. Auf dem Josef-Kistler-Weg und dem Marienweg über die Autobahn hinweg kommen wir nach Graßlfing. Dort biegen wir nach rechts in die Schulstraße ein. An der Dachauer Straße geht es ein kurzes Stück nach links, dann gleich wieder rechts auf dem Kapellenweg über die B 471 und weiter nach Bergkirchen-Lus. Hier halten wir uns rechts, überqueren auf schmaler Straße die Autobahn und fahren nun in nördlicher Richtung nach Eisolzried. Dort biegen wir nach rechts ein. Über Bergkirchen, Günding und Mitterndorf kommen wir immer in östlicher Richtung nach Dachau zurück.

Sehenswert (s.a. Tipp 6)

Das **Schloss Dachau** wurde 1546 – 73 unter Wilhelm IV. und Albrecht V. nach Plänen von Heinrich Schöttl im Renaissance-Stil an der Stelle der früheren befestigten Herzogburg auf der Anhöhe über der Stadt erbaut. Drei der ursprünglichen vier Flügel mit Ecktürmen wurden zwischen 1806 und 1809 abgerissen. 1715 erfährt der verbliebene Flügel eine Umgestaltung durch Josef Effner. Aus dieser Zeit stammt auch das Treppenhaus. Die Holzkassettendecke im großen Saal gilt als die schönste der Renaissancezeit nördlich der Alpen (1564–67 von Hans Wisreuter). Mehrfach verändert wurde der barocke Schlossgarten, dessen Abschluss im Süden ein langgestreckter Balkon mit schöner Aussicht bis zum Gebirge bildet.

Die **Pfarrkirche St. Jakob** ist eine lichte Renaissance-Pfeilerhalle. Der Neubau entstand 1624–25 nach Plänen von Hans Krumpper. Der spätgotische Altarraum wurde 1584–86 vom Friedrich Sustris umgebaut. Zur Innenausstattung gehören wertvolle Holzfiguren aus dem Anfang des 17. Jahrhunderts.

Wie Ludwig Thoma Dachau entdeckte:
Geboren ist er nicht in Dachau (sondern 1867 in Oberammergau), aber seit 1894 hat er sich hier zu Hause gefühlt. Wie das kam, beschreibt der Dichter so: „An einem Augustabend fuhr ich mit einem Freunde nach Dachau. Wie wir den Berg hinaufkamen und der Marktplatz mit seinen Giebelhäusern recht feierabendlich vor mir lag, überkam mich eine starke Sehnsucht, in dieser Stille zu leben. Ich besann mich nicht lange, folgte einem plötzlichen Einfalle und hatte es nicht zu bereuen." – Sein Wohnhaus steht in der Augsburger Straße 13, gleich am Fuße der Altstadtanhöhe.

Zum Kloster Indersdorf

Die Gründung des Stifts erlöste Pfalzgraf Otto vom Bann

Abfahrt ab München alle 20/40 Minuten.

Fahrzeit: 21 Minuten.

Fahrpreis: 2 Zonen/ 4 Streifen.

Rückfahrt: S2 ab Dachau.

Route: Mooshäusl – Ampermoching – Röhrmoos – Indersdorf – Niederroth – Webling.

Weglänge: 35 km.

Anspruch: Landschaftlich und kulturell eine sehr abwechslungsreiche Tour mit vielen „Highlights". Es gibt einige Bergauf-Abschnitte, die zum Radelschieben nötigen, aber auch schöne Aussichtspunkte.

Im Dienst seines Königs, Heinrichs V., hatte Pfalzgraf Otto IV. Hand an Papst Paschalis gelegt. Der belegte Otto daraufhin 1120 mit dem Kirchenbann, aus dem er sich nur durch das Versprechen der Gründung eines Chorherrenstiftes lösen konnte. Sechs Jahre später wird die Sühnestiftung Indersdorf durch Chorherren aus dem elsässischen Marbach besiedelt. Im 15. Jahrhundert ist das Kloster ein Zentrum der benediktinischen Reform. Ende des 18. Jahrhunderts verfällt es unter drückender Schuldenlast. 1784 ziehen Münchner Salesianerinnen ins Kloster, 1856 die Barmherzigen Schwestern. Sie blieben bis 1995. Heute ist das Kloster Realschule.

Die Radltour

Einst Zentrum der benediktinischen Reform – die ehemalige Klosterkirche Indersdorf.

Am S-Bahnhof halten wir uns rechts und radeln auf der Frühlingsstraße vor zur Schleißheimer Straße, (B 471), der wir nun auf dem Radweg nach rechts immer in östlicher Richtung folgen

bis zum Abzweig nach links zum Ober-
schleißheimer Ortsteil Badersfeld (Bader-
straße). Auf der Badersfelder Straße fahren wir
weiter zum Mooshäusl und nach Ampermoching. Von hier geht es weiter in nördlicher
Richtung nach Lotzbach, dann nach links über
Ziegelberg nach Schönbrunn. Zuvor lohnt sich
ein Abstecher nach links auf dem Sträßchen
nach Mariabrunn, einem Idyll im Wald mit
Wallfahrtskirche und Wirtshaus (schöner Biergarten). Von Schönbrunn fahren wir weiter in
nordwestlicher Richtung über Röhrmoos und
Großinzemoos nach Markt Indersdorf. Nach
der Klosterkirche halten wir uns links und fahren auf der Dachauer Straße und Arnbacher
Straße nach Karpfhofen, biegen dort links ein
und kommen über Ried nach Niederroth. Dort
nehmen wir links die Niederrother Straße nach
Sigmertshausen. Über die Hauptstraße (rechts)
und die Kirchenstraße (links) kommen wir zur
Pellheimer Straße (rechts). Nun geht es in südlicher Richtung nach Pellheim und weiter nach
Webling, dann auf dem Weblinger Weg nach
links bis zur Freisinger Straße und schließlich
über die Ludwig-Thoma-Straße und die Früh-
lingstraße zum S-Bahnhof zurück.

Sehenswert: (s.a. Tipp 5)

Die Pfarrkirche **St. Petrus in Ampermoching**
stammt aus dem späten 15. Jahrhundert, die
Einrichtung ist jedoch größtenteils aus dem Ende des 17. Jahrhunderts. Bemerkenswert der
thronende Petrus auf dem stattlichen Hochaltar
von 1670 und die Holzfigur der Muttergottes
an der Nordwand des Langhauses (Anfang des
16. Jahrhunderts).
Das ehemalige Konzentrationslager Dachau ist
heute eine vielbesuchte **Gedenkstätte** für die
Opfer des NS-Regimes mit einer umfassenden
Dokumentation der hier verübten menschen-
verachtenden Greuel. An die Barbarei erinnert
die Gedächtniskapelle von 1960. Dachau war
das erste von den Nazis eingerichtete KZ.

Einkehren am Weg
Ampermoching: Zur Post,
Mariabrunn: Schloss-
gaststätte;
Dachau: Zieglerbräu
(Oberstadt);
Markt Indersdorf: Kloster-
gaststätte.

Zu den Schlössern im Dachauer Land

Die Vollendung erlebte der „Blaue Kurfürst" nicht mehr

Abfahrt ab München
alle 20/40 Minuten.

Fahrzeit: 21 Minuten.

Fahrpreis: 2 Zonen/
4 Streifen.

Rückfahrt: S2 ab Dachau.

Route: Oberschleißheim –
Haimhausen – Biberbach –
Schönbrunn –
Ampermoching.

Weglänge; 40 km.

Anspruch: Landschaftlich und
kulturell schöne Tour mit viel
Abwechslung. Meist wenig
befahrene Straßen, Radwege
und befestigte Feldwege.

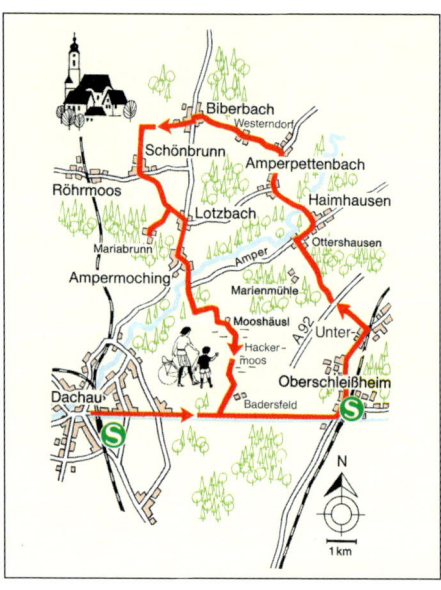

Den Grund „legte" Herzog Wilhelm V. Er erwarb in Schleißheim aus Privatbesitz und von
den Klöstern Bernried und Indersdorf eine Reihe von Höfen, 1597 dazu umfangreiche Län-
dereien vom Freisinger Domkapitel. Eine neu
erbaute große Schwaige verwaltete die Wirtschaft. Er selbst beanspruchte nur ein Wohn-
und Schlafgemach mit Kapelle, denn er wollte
sein Leben als Büßer beschließen. Zu den bestehenden vier Kapellen richtete er fünf weitere mit Klause ein. Eine davon ist die Jakobskapelle in Hochmutting. An der Stelle der einstigen Ignatiusklause steht heute das Waldrestau-
rant „Bergl". Die Renatuskapelle ist in der Kapelle des Jägerhauses in Lustheim erhalten.

Die Radltour

Vom Bahnhofsplatz fahren wir nach rechts in die Frühlingsstraße, biegen dann in die Schleißheimer Straße nach rechts ein und bleiben nun auf dem Radweg neben der B 471 bis Oberschleißheim. Dort nehmen wir die Feierabendstraße nach links und fahren dann auf der Mittenheimer Straße in nördlicher Richtung nach Unterschleißheim. Am Münchner Ring geht es links weiter, dann nach rechts auf der Landshuter Straße und wieder links auf dem Furtweg, der uns am Unterschleißheimer See (Erholungsgelände) vorbei in nördliche Richtung (später als Mittlerer Heuweg) nach Ottershausen führt. Dort halten wir uns rechts nach Haimhausen, dann in der Ortsmitte links nach Amperpettenbach und etwas weiter nördlich links abbiegend über Westerndorf nach Biberbach. Von hier fahren wir (beim Maibaum) nach links in Richtung Riedenzhofen, biegen aber nach etwa zwei Kilometern nach rechts ab. In südlicher Richtung kommen wir nun nach Schönbrunn, Lotzbach (hier bietet sich ein Abstecher nach Mariabrunn an, s. Route 6), Ampermoching und weiter in südlicher Richtung nach Mooshäusl, Hackermoos und zur Dachauer Straße (B 471), die uns nach rechts zum Ausgangspunkt der Route zurückführt.

Im Park von Schloss Dachau.

Sehenswert

Das **Alte Schloss Schleißheim** wurde 1616 unter Maximilian I. von Heinrich Schön erbaut. Das **Neue Schloss Schleißheim** ist ein langgestrecktes Monumentalgebäude (330 m lang). Den Bau der gesamten Schlossanlage begann 1684 im Auftrag des Kurfürsten Max Emanuel (des „Blauen" Kurfürsten) Enrico Zuccalli. 1687 ist das Alte Schloss fertiggestellt. 1701 beginnt er den Bau des Neuen Schlosses. 1704 unterbricht der Spanische Erbfolgekrieg die Bauarbeiten, der Kurfürst muss ins Exil gehen. Erst 1719 geht der Bau unter Josef Effner weiter, ruht 1727 erneut, und erst 1847/48 unter König Lud-

Einkehren am Weg
Oberschleißheim:
Schlosswirtschaft,
Mariabrunn: Schloss-
gaststätte;
Ampermoching: Zur Post.

wig I. wird das Schloss nach den alten Plänen fertiggestellt. Besonders sehenswert sind das geschnitzte Ostportal, ein Werk Ignaz Günthers, der Treppenaufgang mit einem Gewölbefresko (Venus bei Vulkan) von Cosmas Damian Asam, der von Johann Baptist Zimmermann stuckierte Festsaal und die bedeutende Galerie von Gemälden des europäischen Barock (Teil der Bayerischen Staatsgemäldesammlungen).

Schloss Lustheim wurde 1684–89 von Enrico Zuccalli am Ostende des Schleißheimer Schlossparks als Garten-Casino errichtet. Im Schloss ist die „Sammlung Schneider frühen Meißner Porzellans" zu sehen (Dauerausstellung). Es ist die bedeutendste und wertvollste Porzellansammlung außerhalb Dresdens. Seit 1971 hat sie hier ihren festen Platz. Drei Jahre zuvor konnte das Bayerische Nationalmuseum sie erwerben und im renovierten Schloss der Öffentlichkeit zugänglich machen. Der Bestand gibt einen umfassenden Überblick von den Anfängen der Meißener Porzellanmanufaktur (1708/9) bis in die Zeit des Siebenjährigen Krieges. Außerdem ist eine reiche Auswahl früher Versuche der Porzellanherstellung zu sehen. Kostbarste Stücke sind Teile aus dem Schwanenservice des Grafen Brühl, dem Sulkowski-Service, dem Möllendorf-Service und dem „Krönungsservice".

Im Krieg zerstört, 1972 wieder aufgebaut – das Alte Schloss Schleißheim.

Wohl nach dem Vorbild von Nymphenburg schuf François Cuvilliés d. Ältere im Auftrag des damaligen Reichsgrafen von Haimhausen zwischen 1747 und 1754 das eindrucksvolle **Schloss Haimhausen** im Münchner Norden. Es beherbergt heute die Bavarian International School. Man kann es darum nur von außen anschauen. Die Wand- und Deckengemälde (J. G. Bergmüller) und die feinen Stuckaturen im Inneren sind leider nicht öffentlich zugänglich.

Museum für kostbares Porzellan: Schloss Lustheim.

Wissenswert

Kurfürst Max Emanuel legte großen Wert auf ausgedehnte, attraktive Gartenanlagen im französischen Stil. Zu ihnen gehörte ein Kanalsystem, das die Isar, die Würm und den Schwabinger Bach miteinander verband und so Wasserwege zwischen den Schlössern Schleißheim, Dachau und Nymphenburg schuf. Die Schleusenanlagen des Systems erlaubten es, die Fließrichtung des Wasser je nach Bedarf zu ändern.

Während des Zweiten Weltkriegs erlitt **Schloss Schleißheim** schwere Schäden. Bei den notwendigen Restaurierungsarbeiten zwischen 1959 und 1962 erhielt die Westfassade des Schlosses wieder die Gestalt, die Josef Effner konzipiert hatte.

Zum größten Teil zerstört wurde das **Alte Schloss Schleißheim** bei einem Luftangriff 1944. Bis zu den Olympischen Spielen von 1972 wurden die Außenmauern wiederhergestellt, in den folgenden Jahren auch das Innere. Seither ist dort die Stiftung Weinhold, eine völkerkundliche Sammlung des Bayerischen Nationalmuseums, untergebracht.

Erkundungstour im Dachauer Land

In Mariabrunn traf sich einst die mondäne Welt zum Kuren

Abfahrt ab München
alle 20/40 Minuten.

Fahrzeit: 28 Minuten.

Fahrpreis: 3 Zonen/
6 Streifen.

Rückfahrt: S2 ab Röhrmoos.

Route: Sigmertshausen –
Pasenbach – Ebersbach –
Kollbach – Vierkirchen –
Schönbrunn – Mariabrunn –
Ampermoching.

Weglänge: 35 km.

Anspruch: Eine Fahrt durch
das Dachauer Hügelland mit
einigen Steigungs- und Ge-
fällestrecken, überwiegend
auf Teerstraßen.

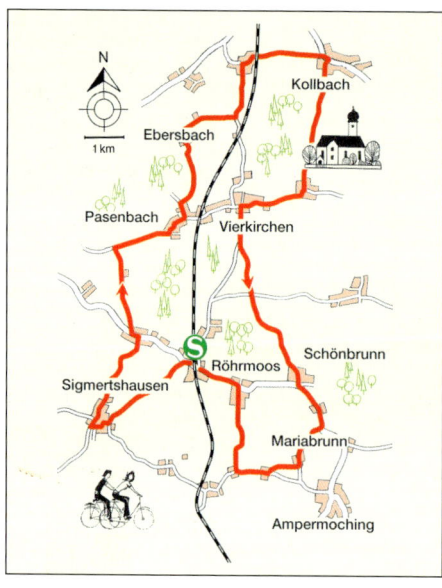

Ein beliebtes Gasthaus mit schönem Biergarten
unter hohen Buchen, eine hübsche kleine
Rundkirche, ein efeubewachsener Brunnen, dazu einige Schritte weiter bei klarem Wetter herrliche Aussicht bis zur Alpenkette – in Mariabrunn lässt sich gut Rast machen. Das wußten
auch die Altvorderen. Vor mehr als hundert-
zwanzig Jahren war der Flecken ein mondänes
Bad mit prominenten Kurgästen von Nah und
Fern. Auch die Kaiserin Elisabeth von Österreich
(„Sisi") kam einstmals hierher. Man hatte die
Kraft der schon seit 1622 bekannten Heilquelle
neu entdeckt, und suchte zudem Linderung von
allerlei Gebresten bei der „Doktorbäuerin"
Amalie Hohenester und ihren Kräutern und

Mixturen. Sogar einen Rennstall und Kurkonzerte gab es. Geblieben ist ein idyllischer Ort, der Ruhe und Gemütlichkeit ausstrahlt.

Die Radltour

Am Ende der Bahnhofstraße fahren wir nach rechts unter der Bahn hindurch ein Stück auf der Indersdorfer Straße. Am Ortsende biegen wir nach links in die Arzbacher Straße ein. Nach etwa zwei Kilometern geht es rechts auf breitem Feldweg nach Sigmertshausen. In der Ortsmitte radeln wir rechts auf der Hauptstraße nach Norden, etwa zwei Kilometer bis Großinzemoos. Dort nehmen wir links die Sigmertshauser Straße, fahren ein Stück nach rechts auf der Indersdorfer Straße und verlassen den Ort auf der Pasenbacherstraße nach links. Beim nächsten Wegkreuz biegen wir erneut nach links ein und kommen nach Pasenbach. Vor dem S-Bahnhof Esterhofen biegen wir links in die Indersdorfer Straße (später Weichser Straße) ein, dann wieder rechts nach Norden. Über Jedenhofen kommen wir nach Ebersbach, dann, nun in östlicher Richtung, nach Asbach und Kollbach. Von dort fahren wir in Südrichtung nach Rettenbach und nach rechts schwenkend weiter nach Vierkirchen. Erneut in Südrichtung durchfahren wir nun das Vierkirchner Holz und kommen nach Schönbrunn, durchqueren den Ort und überqueren an seinem Ende die Durchgangsstraße. Immer geradeaus geht es zum Wasserturm hinauf, dann zum Lotzbach hinunter und durch das Bründlholz nach Mariabrunn. Hier schieben wir den Berg hinauf, dann steil auf Fußweg hinunter zur Purtlhof-

Wegkreuz in Mariabrunn.

Einkehren am Weg
Kollbach: Landgasthof
Ostermair;
Mariabrunn: Schloss-
wirtschaft;
Ampermoching: Zur Post.

straße und fahren nach rechts über Purtlhof nach Reipertshofen. Dort nehmen wir wieder Nordrichtung auf, nach Röhrmoos zurück.

Sehenswert

St. Vitalis in Sigmertshausen wurde 1755 von Johann Michael Fischer für die damals dort blühende Marienwallfahrt erbaut. Die Deckengemälde und die Scheinstuckierung stammen von F. J. Degle aus dem Baujahr.

Hl. Kreuzerfindung in Schönbrunn wurde 1723/24 als Hofmarkskirche derer von Unertl erbaut. Die Kirche mit reicher spätbarocker Stuckdekoration gilt als Frühwerk des Barockbaumeisters Johann Baptist Gunetsrhainer unter dem Einfluss von Josef Effner.

Die Kapelle **Mariä Verkündigung in Mariabrunn**, ein ovaler Zentralbau mit Kuppeldach und einem auffälligen Dachreiter aus dem 18. Jahrhundert darauf, wurde 1662–70 von dem Dachauer Pfleger Georg Teisinger errichtet. Das Hochaltargemälde ist eine Kopie des Gnadenbildes in der Florentiner Kirche S. Annunziata aus dem 17. Jahrhundert.

Die **Pfarrkirche St. Martin in Kollbach** ist ein langer Saalbau mit noch gotischem Altarraum auf der beherrschenden Höhe des Ortes, auf dem einst wohl eine Burg stand. Auch der Turm an der Südseite mit Satteldach ist noch aus gotischer Zeit. Von der Innenausstattung stammen die Seitenaltäre aus der Barockzeit.

Die **Pfarrkirche St. Jakob in Vierkirchen** wurde an der Stelle einer früheren Gründung 1763 bis 1783 neu errichtet. Sie ist ein stattlicher Saalbau mit halbrund geschlossenem Altarraum. Die Deckengemälde stammen von dem Augsburger Johann Georg Dieffenbrunner (1767). Die Altargemälde von Christian Winck sind nicht mehr erhalten.

Wissenswert

Schönbrunn, heute ein Ortsteil von Röhrmoos, ist schon 1160 urkundlich erwähnt. Seit 1861

Auf der Kuppel ein markanter Dachreiter – die Kapelle Mariä Verkündigung in Mariabrunn.

besteht hier eine Anstalt zur Betreuung geistig und mehrfach Behinderter. Sie wird von den „Schönbrunner Schwestern", einem franziskanischen Orden, geführt.

Seit 1913 zweigt von der Eisenbahnlinie München Ingolstadt bei Dachau eine Nebenlinie ab, die in vielen Windungen einen guten Teil des Landkreises Dachau erschließt. Kein Geringerer als Ludwig Thoma, der sich als Rechtsanwalt in Dachau niederließ, hat sich über die Linienführung dieser „**Lokalbahn**" lustig gemacht. Im Roman „Der Ruepp" heißt es: „Die Eisenbahn macht von Schwabhausen einen langen Umweg, um den altberühmten Markt Indersdorf nicht auf der Seite liegen zu lassen, und die Bedeutung des Ortes kommt jedem Fahrgast zu Bewußtsein, wenn der Zug dort dreimal so lang hält wie auf den kleinen Stationen." Heute ist die einstige „Lokalbahn" als S-Bahnlinie A in den Münchner Verkehrs- und Tarifverbund (MVV) einbezogen und wird mit modernen Fahrzeugen in einem Taktfahrplan, zum Teil sogar mit durchgehenden Zugverbindungen bis nach München, bedient. Die Strecke und die Bahnhöfe wurden dazu aufgerüstet. Geblieben ist nur der „krumme" Streckenverlauf von einst bis nach Altomünster.

Zum Münster des Heiligen Alto

Vor 1250 Jahren kam Bonifatius zur Klosterweihe

Abfahrt ab München alle 20/40 Minuten.

Fahrzeit: 31 Minuten.

Fahrpreis: 3 Zonen/ 6 Streifen.

Rückfahrt: S2 ab Esterhofen.

Route: Markt Indersdorf – Erdweg – Kleinberghofen – Altomünster – Markt Indersdorf.

Weglänge: 42 km.

Anspruch: Ländliches Hügelland mit verstreuten kleinen Dörfern kennzeichnet die Route. Es gibt einige Steigungen, schöne Ausblicke ins Land und gleich drei bedeutende Kirchen anzuschauen.

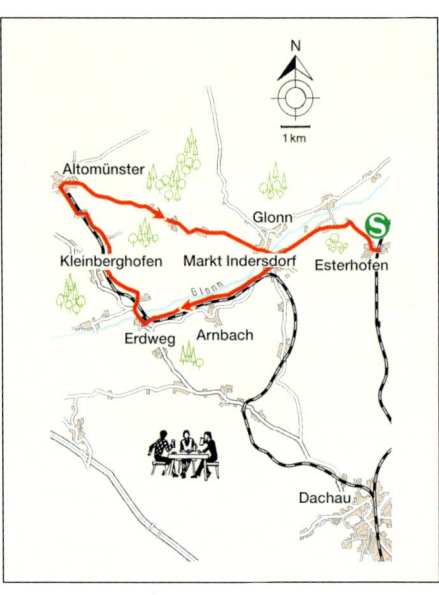

Altomünster ist nach seinem Gründer, dem iro-schottischen Mönch und Einsiedler Alto, benannt, der etwa 750 im Wald nördlich des heutigen Marktes ein kleines Kloster begründete, das der heilige Bonifatius einweihte. Später entstand daraus eine Benediktinerniederlassung, die 1047 nach Altdorf verlegt wurde. Von dort zogen nun Benediktinerinnen nach Altomünster. Sie leiteten bis 1477 die Klostergemeinschaft und bauten die neue, St. Alto geweihte dreischiffige Basilika. Das Kloster geriet jedoch in Not und wurde 1497 an die Birgittinnen übergeben, die es als Doppelkloster weiterführten bis zur Auflösung 1803 (Säkularisation). Da sich kein Käufer für das Frauenkloster fand, durften die Birgittinnen bleiben. 1841 sicherte eine königliche Urkunde ihnen den Fortbestand ihres Klosters zu. Es ist heute das einzige der Birgittinnen in Deutschland.

Die Radltour

Vom Bahnhof radeln wir ein Stück zurück, rechts durch die Unterführung und nun auf der Weichser Straße aus dem Ort heraus. Kurz hinter Albertshof halten wir uns links, fahren durch Zillhofen und erreichen kurz vor der Engelbrechtsmühle die Cyclostraße, die uns nach Markt Indersdorf führt. Über die Ludwig-Thoma-Straße (nach links) kommen wir zur Dachauer Straße, biegen nach links ein und an der Arnbacher Straße wieder nach rechts. Nun geht es immer in westlicher Richtung auf der Nordseite der Bahnlinie an Arnbach vorbei nach Erdweg. Im Ort nehmen wir die Hauptstraße nach rechts, überqueren die Glonn und folgen beim Petersberg (Abstecher: den Berg hinauf zur Basilika) der Bischof-Neuhäusler-Straße (rechts) nach Eisenhofen. In den Ortsmitte biegen wir nach links ab und radeln ne-

Einkehren am Weg
Erdweg: Gasthof Am Erdweg;
Altomünster: Maierbräu, Kapplerbräu, Gasthof Herzog;
Markt Indersdorf: Gasthof Funk, Klostergaststätte.

Die 900-jährige Basilika auf dem Petersberg.

ben dem Zeitlbach nach Kleinberghofen. Von hier geht es in nördlicher Richtung über Schluttenberg, Deutenhofen und Stumpfenbach nach Altomünster. Vom Marktplatz verlassen wir auf der Nerbstraße und der Weiler Straße den Markt Altomünster. Über Weil, Tiefenlachen, Eichhofen und Westerholzhausen kommen wir nach Markt Indersdorf und von dort auf der Route des Herwegs zum S-Bahnhof Esterhofen zurück.

Sehenswert

Die romanische **Basilika St. Peter** auf dem Petersberg, der Anhöhe bei Eisenhofen, 1101 bis 1107 erbaut, gehörte ursprünglich zum Benediktiner-Kloster der Hirsauer-Mönche (später nach Scheyern verlegt). Es ist eine schlichte, stilreine dreischiffige Pfeilerbasilika mit drei parallelen Apsiden ohne Querhaus. Die eindrucksvollen Wandmalereien in der Hauptapsis stammen aus der Erbauerzeit. Sie wurden erst 1906 bei Restaurierungsarbeiten entdeckt und freigelegt. Sie zeigen oben Christus als König mit den Aposteln Petrus und Paulus, in der Mitte das Martyrium der beiden, unten die Muttergottes mit Engeln.

Das **Münster des hl. Alto**, die ehemalige Klosterkirche (heute Pfarrkirche) Altomünster, ist eines der bedeutendsten Gotteshäuser der Rokokozeit in Bayern. Es ist das letzte Werk des berühmten Hofbaumeisters Johann Michael Fischer. Er konnte es selbst nicht zu Ende führen. Nach seinem Tod 1766 vollendete sein Polier Balthasar Trischberger den Bau. 1773 wurde die Kirche eingeweiht. Die Bildhauerarbeiten stammen überwiegend von der Hand und aus der Werkstatt Johann Baptist Straubs. Die sparsamen zierlichen Wessobrunner Stuckaturen schuf der Augsburger Jakob Rauch. Die Deckenfresken sind Werke des Tirolers Josef Mages. Das Bild des Hauptaltars im Herrenchor malte der fürstbischöflich augsburgische Hofmaler Ignaz Baldauff. Der Turm des

Die Birgitten
Birgitta, eine Schwedin von hohem Adel, gilt als eine der bedeutendsten weiblichen Heiligen aller Zeiten. 1346 gründet sie in Wadstena eine klösterliche Vereinigung, die ursprünglich Erlöserorden, aber schon bald nach ihr „Birgittenorden" genannt wird. Bis 1802 war dieser ein von einer Äbtissin wirtschaftlich geleiteter Doppelorden von Frauen und Männern, die miteinander das Chorgebet verrichteten. Im heutigen Bayern besaß der Orden die Klöster Gnadenberg bei Nürnberg und Maihingen bei Nördlingen. 1485 erhielten sie von Herzog Georg den Stiftungsbrief für Altomünster. 1497 wurde das neue Kloster bezogen.

Münsters gilt als der schönste Rokokoturm in ganz Bayern.

Das **Kloster Indersdorf** wurde 1126 von Pfalzgraf Otto von Scheyern gestiftet, der sich dadurch vom Bann lösen konnte. Unter der reichen Innendekoration aus dem 18. Jahrhundert ist der mittelalterliche Kern der ehemaligen Augustinerchorherren-Stiftskirche in Indersdorf noch erhalten: eine dreischiffige, romanische Pfeilerbasilika ohne Querschiff, davor ein Westturmpaar mit gotischem Oberbau. Zwischen den Türmen befindet sich eine Vorhalle mit romanischem Westportal. Das Kircheninnere beeindruckt durch eine glanzvolle Barock- und Rokoko-Ausstattung – Sakristeifresko und Deckenfresken im Langhaus vom Augsburger Hofmaler Matthäus Günther (ein Schüler von Cosmas Damian Asam), weitere Fresken von seinem Schüler Johann Georg Dieffenbrunner, die Stuckaturen von Franz Xaver Feichtmayr. Aus mittelalterlicher Zeit haben sich drei Kunstschätze in der Kirche erhalten: die gotischen Wandbilder der Kreuzigung im Rahmen des Antonius-Altars und des Todes Mariä an der Mensa des Altars sowie die große Madonnenfigur am Altar.

Einer der schönsten Rokokotürme – das Münster des heiligen Alto.

Wissenswert

760 wird urkundlich ein alto reclusus erwähnt, ein Einsiedler Alto. Der Legende nach erhielt der schottische Missionar von König Pippin dem Jüngeren ein Waldstück nördlich des heutigen Marktes Altomünster zum Geschenk. Mit einigen Gefährten richtete er dort eine Einsiedelei ein. Heute bezeichnet eine spärlich fließende, gefasste **Quelle im Altoforst** den einstigen Wohnplatz des Eremiten. Nur eine kleine Statue darüber erinnert an den heiligen Mann. Gleichwohl ist das bescheidene Fleckchen ein beliebtes Ausflugsziel für Wanderer, und es fehlt nicht an Wegweisern zu der etwa drei Kilometer vom Markt entfernten Quelle im „finsteren" Forst.

Zur Benediktinerabtei Scheyern

Spargel und Hopfen sind die Schätze des Münchner Nordens

Abfahrt ab München
alle 20/40 Minuten.

Fahrzeit: 37 Minuten.

Fahrpreis: 3 Zonen/
6 Streifen.

Rückfahrt: S2 ab Petershausen.

Route: Reichertshausen –
Ilmmünster – Pfaffenhofen –
Scheyern – Langwaid.

Weglänge: 36 km.

Anspruch: Eine Tour, die
Kraft und Ausdauer für zahlreiche, auch steilere Steigungen erfordert, dafür häufig
schöne Aussicht bietet.

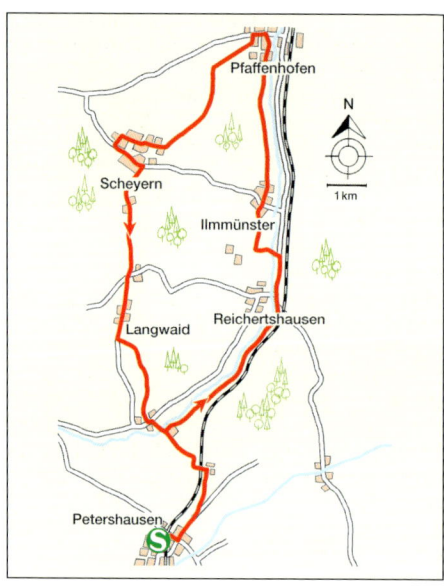

Um 1123 wurde das 1075 in Bayrischzell ge-
gründete Benediktinerkloster endgültig in Scheyern, der verlassenen Stammburg der Grafen von
Scheyern, angesiedelt. Gründerin war die Frau
Ottos II. von Scheyern-Wittelsbach, Haziga. Zuvor (1087) waren die Benediktiner nach Fisch-
bachau, dann (1104) auf den Petersberg bei Eisenhofen umgesiedelt. Scheyern ist seither auch Be-
gräbnisort des Stiftergeschlechts. 1803 wurde das
Kloster säkularisiert, 1837 jedoch wieder den
Benediktinern übergeben. Seit 1843 ist es Abtei.

Die Radltour

Auf der Bahnhofstraße, dann nach links auf der
Marbacher Straße und wieder links auf der

Hauptstraße verlassen wir Petershausen in nördlicher Richtung und fahren über Obermarbach nach Oberhausen. Vor der Ilmbrücke geht es nach rechts weiter und nun durch das Ilmtal über Oberpaindorf und Grafing nach Reichertshausen. Auf der Pfaffenhofener Straße (B 13) fahren wir aus dem Ort, biegen aber schon bald nach links ab. In Riedermühle wieder nach rechts weiter in nördlicher Richtung, die wir nun über Ilmmünster, Hettenshausen und Jahnhöhe bis Pfaffenhofen beibehalten. Vom Ortszentrum nehmen wir die Scheyerner Straße, biegen an der Anton-Schranz-Straße rechts ein nach Niederscheyern, halten uns dort rechts und kommen über die Grabmeirstraße und den Scheyerner Weg nach Plöcking und weiter nach Scheyern. Zum Kloster halten wir uns am Ortseingang rechts. Aus dem Ort heraus radeln wir auf der Schyrenstraße, Hochstraße und Fernhager Straße. Immer in südlicher Richtung fahren wir über Fernhag und Triefing nach Langwaid. Dort biegen wir links ein und kommen über Haselhof nach Steinkirchen. Hier erreichen wir nach einer Links- und gleich danach einer Rechtswendung Oberhausen und die Route des Herwegs zurück zum S-Bahnhof Petershausen.

Sehenswert

Die **Klosterkirche Mariä Himmelfahrt in Scheyern**, eine spätromanische Anlage (1127; der nach Brand notwendige zweite Bau wurde 1215 geweiht), ist im Kern noch erhalten, wurde aber vielfachen Änderungen unterworfen, vor allem im 16. und 18. Jahrhundert. Die Stuckdekorationen des Spätrokoko stammen von dem Wessobrunner Meister Ignaz Finsterwalder. Der Hochaltar entstand um 1770 (Ölgemälde von Christian Winck, Seitenfiguren von Ignaz Günther um 1760 – aus Ilmmünster). Besonders bemerkenswert ist ein Sandsteinrelief der Kreuzigung Christi (neben dem rechten Seitenportal) mit der Signatur 1514

Einkehren am Weg
Reichertshausen: Gasthof Lindermeier, Gasthof Fuchs; **Pfaffenhofen:** Müller Bräu; **Scheyern:** Klosterschänke; **Petershausen:** Bahnhofsgaststätte.

Rast in Pfaffenhofen
Die Kreisstadt im Münchner Norden verfügt über ein schönes Altstadtensemble mit alten Bürgerhäusern rund um den langgestreckten, verkehrsfreien Marktplatz, den der spätgotische Turm der Pfarrkirche mit seinen acht quadratischen Geschossen wirkungsvoll abschließt. Ein guter Platz zum beschaulichen Ausrasten und Schauen.

Einst Grablege der Wittelsbacher: die Kirche des Klosters Scheyern.

vom Meister Hans von Pfaffenhofen. Der Kreuzgang stammt aus dem Anfang des 13. Jahrhunderts, wurde im 15. und 16. Jahrhundert gewölbt und im 17. und 18. Jahrhundert teilweise stuckiert. An seinem östlichen Flügel liegt die Königskapelle mit einem achtseitigen Mittelpfeiler, die um 1440 als Sakristei erbaut wurde, sowie die Kapitelkapelle. Sie war bis zur Mitte des 13. Jahrhunderts die Grablege der Wittelsbacher.

St. Arsacius in Ilmmünster, eine spätromanische, außen und innen stilreine Basilika, wurde Anfang des 13. Jahrhunderts nach altbayerischer Weise dreischiffig ohne Querschiff mit drei parallelen Apsiden erbaut. Den Turm zieren Rundbogenblenden und Stufengiebel. Der neoromanische Hochaltar von 1880 birgt zwölf Gemälde aus der Schule Jan Pollacks und vier Holzreliefs, ebenfalls vom Ende des 15. Jahrhunderts. Weitere sehr gute Figuren von Erasmus Grasser (um 1490) auf Nebenaltären, auf dem Kreuzaltar eine bemerkenswerte Muttergottes vom Anfang des 16. Jahrhunderts.

Die **Stadtpfarrkirche St. Johannes der Täufer in Pfaffenhofen** ist eine dreischiffige gotische Basilika aus dem 15. Jahrhundert; sie wurde Mitte des 17. Jahrhunderts innen barock umgestaltet und birgt eine Fülle bemerkenswerter

Schätze sakraler Kunst – Bilder, Reliefs und Figuren aus dem 14. und 15. Jahrhundert.

Wissenswert

Unter dem Abt Konrad von Lubburg (1206 bis 1225) blüht das **Kloster Scheyern** zu einem Kulturzentrum ersten Ranges auf. Der Abt selbst schreibt eine Klosterchronik, es entstehen Kaiser- und Königskataloge, die Buchmalerei erreicht künstlerische Vollendung. In der zweiten Hälfte des 15. Jahrhunderts erlebt Scheyern eine neue Blütezeit der Kunst, insbesondere der Buchmalerei.

Nach dem bayerischen Reinheitsgebot von 1516 darf (und muss) er als Würze dabei sein: der **Hopfen**. Er gedeiht besonders gut in der Hallertau im Landkreis Pfaffenhofen. Ein Viertel der deutschen Hopfenernte wird hier „gesiegelt", fast drei Viertel davon gehen in den Export. Der Biergrundstoff wächst als Kletterpflanze in „Hopfengärten" aus Säulen und Stangen mit Längsdrähten. Bei der Ernte werden die Reben am Boden abgeschnitten, die Dolden maschinell abgeerntet, getrocknet und in Ballen gepackt. Das Hopfenzupfen von Hand, einst eine begehrte Saisonarbeit, gehört der Vergangenheit an.

Seit Jahrtausenden wird er von Feinschmeckern hoch geschätzt und ebenso lange werden auch seine medizinischen Vorzüge gepriesen: **Spargel**. Er gedeiht im Norden Münchens, nordwestlich von Pfaffenhofen, besonders gut. Hier liegt das größte zusammenhängende Anbaugebiet Bayerns. Zentrum ist Schrobenhausen. Seit 1913 ziehen Spargelbauern (heute rund 600) hier das feine Gemüse. Die Erntezeit beginnt Ende April. An Johanni (24. Juni) ist Schluss. Die Stangen müssen einzeln von Hand gestochen werden. Maschinen können nur die Bodenbearbeitung erleichtern (Fräsen, Pflanzen, Dammformen). Mit Folienabdeckungen wird heute zunehmend der Ertrag gesteigert.

Hopfen für die Küche

Im Frühjahr (oder Spätherbst) müssen die Hopfenstauden von zu vielen neuen Trieben befreit werden, um die übrigen zu kräftigen. Die abgeschnittenen Hopfensprossen sind eine bei Kennern begehrte Köstlichkeit, die man roh wie Salat oder auch gedünstet isst – eine Rarität, die nur im Anbaugebiet zu haben ist.

Was der Spargel mag

Agrarchemiker haben herausgefunden, was dem Schrobenhausener Spargel seine feine Gechmacksnote verleiht. Es ist die besondere Bodenzusammensetzung: 75 – 85 % Flugsandböden mit Übergang zu leichten Tertiärböden, 9 – 14 % Schluff und 6 – 11 % Lehm.

Durch hügeliges Bauernland

Im Schloss der Grafen gibt's gutes Bier

Abfahrt ab München
alle 20/40 Minuten.

Fahrzeit: 37 Minuten.

Fahrpreis: 3 Zonen/
6 Streifen.

Rückfahrt: S8 ab Nannhofen.

Route: Wenigmünchen –
Wiedenzhausen – Odelz-
hausen – Egenhofen –
Unterschweinbach.

Weglänge: 36 km.

Anspruch:
Eine Fahrt durch friedliches
Bauernland ohne besonders
markante Punkte, dafür mit
schöner Aussicht ins Land
und mit idyllischen Flecken.

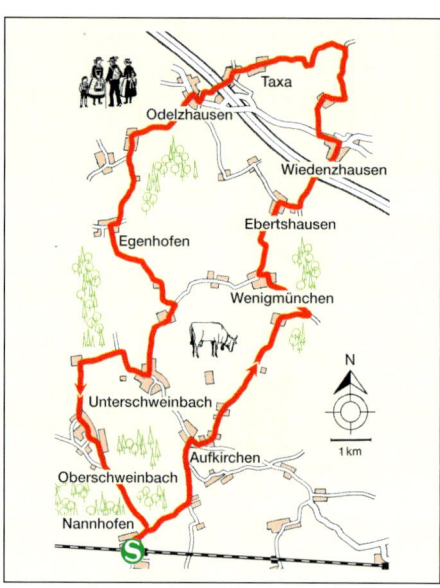

Nannhofens Geschichte beginnt urkundlich belegt mit dem Ende des 12. Jahrhunderts als Sitz eines Freisinger Dienstmannenge-schlechts. Seit dem 15. Jahrhunderts wurde es von den bayerischen Herzögen als selbständi-ge Schlosspflege genutzt.

Die Radltour

Am Bahnhof nehmen wir die Schlossberg-straße und fahren an ihrem Ende weiter gerade-aus durch das Waldstück nach Rammertshofen und weiter nach Aufkirchen. Dort geht es nach rechts, auf dem Kapellanger nach Pischerts-hofen, Englertshofen und Kuchenried, von hier auf der Fahrstraße nach Dürabuch und Wenigmünchen. Wir behalten die Nordrichtung bei und radeln nun nach Ebertshausen, halten uns dort rechts, überqueren die Autobahn (A 8) und erreichen Wiedenzhausen. In nordwestlichem Bogen führt die Route nun über Orthofen, Essenbach und Taxa nach Odelzhausen. Am Schloss vorbei, über die Autobahnbrücke und durch die Marktstraße kommen wir zur Dietenhausener Straße. In Dietenhausen hal-

Über 300 Jahre alt ist die Kirche St. Peter und Paul in Nannhofen.

Einkehren am Weg
Wiedenhausen: Huberwirt;
Odelzhausen: Schloss-
bräustüberl.

ten wir uns rechts und fahren durch ein kleines Waldstück zur Furtmühle und weiter nach Egenhofen. Dort biegen wir rechts ein, dann wieder links und fahren über Rottenfuß und Oberweikertshofen nach Unterschweinbach. Weiter geht es an der Hauptstraße rechts zur Kumpfmühle und nach Oberschweinbach. Über die Hauptstraße und die Neufeldstraße kommen wir zur Günzelhofener Straße, an deren Ende wir links in die Gartenstraße einbiegen. Nun geht es durch den Nannhofener Wald und durch parkähnliches Land zum Ausgangspunkt zurück.

Sehenswert

Schloss Nannhofen ist ein schlichter Bau aus dem 18. Jahrhundert. Er wurde Mitte des 19. Jahrhunderts von dem Münchner Architekten Jean Baptiste Métivier im gotischen Stil verändert. Das Schloss ist im Besitz der Familie von Lotzbeck.

Die **Kapelle St. Peter und Paul in Nannhofen** ist ein kleiner Kirchenbau mit einem Turm auf der Westseite und einem dreiseitig geschlossenen Altarraum. Die Kirche wurde 1670 erbaut. Zum Altar von 1678 gehören einige gute Holzfiguren.

Die **Kirche St. Florian in Wiedenhausen** erhielt zwischen 1660 und 1667 eine einheitliche barocke Innenausstattung mit reicher Stuckdekoration. Die drei Altäre zieren bemerkenswerte Holzfiguren.

Die erste **Schlossanlage Odelzhausen** enstand um 1150. Sie war 1451 erweitert worden. Unter Verwendung von älteren Teilen ließen die Grafen Minucci das Schloss zwischen 1720 und 1730 zu einer stattlichen Anlage ausbauen. Nach langem Verfall waren nur noch der Turm und Reste der Seitenflügel erhalten. Seit 1918 ist das Schloss im Besitz der Brauerfamilie Sedlmayr/Eser, die es teilweise wieder errichtet hat und als Hotel führt. Dazu gehört seit 1948 auch wieder das Bräustüberl.

Rundkurs zum Kloster Fürstenfeld

Aus Eifersucht ließ der Herzog seine Frau enthaupten

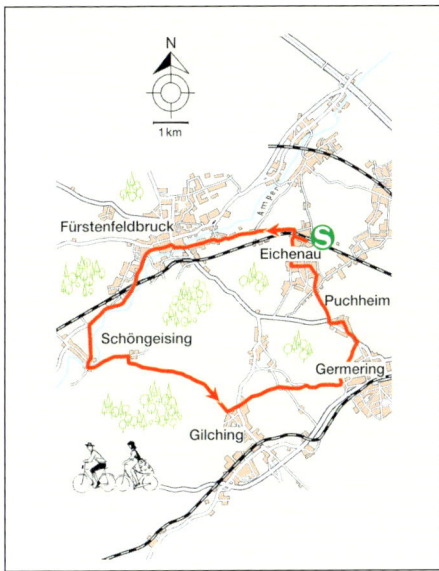

Abfahrt ab München
alle 20/40 Minuten.

Fahrzeit: 22 Minuten.

Fahrpreis: 2 Zonen/
4 Streifen.

Rückfahrt: S4 ab Eichenau.

Route: Fürstenfeldbruck –
Schöngeising – Gilching –
Germeringer See –
Puchheim.

Weglänge: 32 km.

Anspruch: Viel Abwechslung
gibt es auf dieser Route:
Flussauen, Hochwald, weite
Landschaft aus Wiesen und
Feldern mit schönen Aus-
blicken; Höhepunkt der Tour
ist ein Besuch im Marien-
münster Fürstenfeldbruck.

Ein blutiges Drama steht am Beginn der Klostergründung „auf des Fürsten eygen Feldt": Im
Jahr 1254 heiratet der Wittelsbacher Herzog
Ludwig II., später „der Strenge" genannt, die
Tochter Marie des Herzogs Heinrich II. von
Brabant. Es war für beide die große Liebe. Im
Jahr darauf muss Ludwig in der Rheinpfalz, die
ihm als Erbe zufiel, für Recht und Ordnung
sorgen. Das Paar hält mit glühenden Liebes-
briefen Kontakt zueinander. Ein solcher Brief
von ihrer Hand gerät in falsche Hände. Ein
furchtbarer Verdacht der Untreue macht Ludwig rasend vor Eifersucht. Er weigert sich, Marie anzuhören, die verzweifelt ihre Unschuld
beteuert. Am 18. Januar 1256 lässt Ludwig sei-

Eine der schönsten Kirchen Oberbayerns: Das Marienmünster in Fürstenfeldbruck.

ne Frau enthaupten. Unmittelbar danach erweist sich ihre Unschuld. Papst Alexander IV. trägt dem verzweifelten Ludwig als Buße auf, eine Kartause für zwölf Mönche zu errichten. 1263 ließen sich die ersten Mönche im Ampertal nieder.

Die Radltour

Vom S-Bahnhof fahren wir nach Westen an der Südseite der Bahngleise bis zur Unterführung, wechseln dann auf die andere Seite und kommen auf der Roggensteiner Straße, Brucker Straße und Emmeringer Straße über Emmering nach Fürstenfeldbruck zur Münchner Straße. Hier geht es ein Stück nach rechts, dann links auf der Fürstenfelder Straße zur Klosteranlage. Vom Innenhof fahren wir durch das Tor, dann nach links, unter der Bahn hindurch und weiter nach rechts auf die Zellhofstraße und nun unter der Amperleiten über Zellhof zum Wasenmeister vor Schöngeising. Dort halten wir uns links und haben jetzt ein Steilstück von ca. 700 m nach Holzhausen vor uns. Vor dem Ort biegen wir nach rechts ein, an der nächsten Kreuzung wieder nach links und fahren am Rande des Bernrieder Waldes nach Steinlach und zur Römerstraße, der wir nach Südosten Richtung Gilching folgen. Kurz vor dem Ort fahren wir nach links, dann über die Brucker Straße zur Allinger Straße, weiter nach rechts in die Kirchenstraße und wieder links in den Zehentstadel. Nun geht es immer in nordöstlicher Richtung bis zum Ortsrand von Germering. Am Burgweg biegen wir links ein, lassen den Germeringer See zu unserer Linken und kommen nach Puchheim zur Augsburger Straße. Über die Dorfstraße (rechts), Vogelsangstraße (links) und Eichenauer Straße verlassen wir den Ort. In Eichenau überqueren wir die Allinger Straße und fahren auf dem Enzianweg (rechts), der Bergstraße (links), Wendelsteinstraße (links) und der Friesenstraße (geradeaus) zur Roggensteiner Allee, die uns nach rechts zum Ausgangspunkt zurückführt.

Einkehren am Weg
Schöngeising: Zum Unter'n Wirt;
Fürstenfeldbruck: Klosterstüberl;
Germering: Schusterhäusl;
Puchheim: Unterwirt.

Zur schönen Aussicht Germannsberg

Im Starzeltal wuchs einst ein guter Tropfen

Abfahrt ab München alle 20/40 Minuten.

Fahrzeit: 26 Minuten.

Fahrpreis: 2 Zonen/ 4 Streifen.

Rückfahrt: S4 ab Fürstenfeldbruck.

Route: Pfaffing – Biburg – Germannsberg – Gilching – Steinlach – Holzhausen.

Weglänge: 18 km.

Anspruch: Eine trotz einiger Steigungen leichte Fahrt mit schöner Aussicht ins Land.

Von Germannsberg, dem einstigen „Sommerhäusl" des Wirtschaftsgutes der Abtei Fürstenfeld, hat man einen herrlichen Ausblick über die Hügel und Wälder des Starzeltales bis zur entfernten Kette der Alpen im Süden. Hier wurde in grauer Vorzeit sogar Wein angebaut.

Die Radltour

Am Bahnhofsausgang halten wir uns links und fahren auf der Bahnhofstraße, dann links auf der Oskar-von-Miller-Straße und der Fürstenfelder Straße zum Kloster. Hier geht es durch das Tor, dann nach links, unter der Bahn hindurch und auf der Gelbenholzener Straße bergauf nach Pfaffing und Biburg. Dort im Ort fol-

St. Leonhard an der Amper im Zentrum von Fürstenfeldbruck.

gen wir ein Stück der Ammerseestraße nach rechts und biegen dann nach links in die Germannsberger Straße ein. Hinter Germannsberg fahren wir nach rechts auf der Römerstraße nach Gilching. Am Ortseingang zweigt unser Weg nun nach rechts auf die Rottenrieder Straße ab. Vom gleichnamigen Gut geht es weiter in nördlicher Richtung nach Steinlach und dort links abbiegend auf Feld- und Waldwegen nach Holzhausen. Hier folgen wir der Fahrstraße rechts nach Biburg und wieder zum Ausgangspunkt zurück.

Sehenswert (s. a. Tipps 12, 14)

Aus dem Jahr 1440 stammt die kleine Kirche **St. Leonhard** im Zentrum von Fürstenfeldbruck an der Amperbrücke. Über dem Portal der eigenartigen zweischiffigen Hallenkirche mit einem mächtigen quadratischen Turm im Westen stehen die Worte des Heiligen: „Gott segne die Rösser". In den Gewölben finden sich Fresken des 18. Jahrhunderts.

Die **Pfarrkirche St. Magdalena** ist eine barocke Wandpfeilerkirche. Sie entstand 1673–79 an der Stelle der 1286 errichteten Kirche. Die Stuckaturen schuf der Augsburger Meister Sießmayer 1764. Die Kirche birgt wertvolle sakrale Kunstwerke: Fresken von Ignaz Baldauff, Gemälde von Christian Winck, Skulpturen des Bildschnitzers Melchior Seidl.

Wissenswert

Der Markt Bruck ist wesentlich älter als das Kloster Fürstenfeld. Schon 828 ist ein im Schöngeisinger Forst gelegener Ort Bruck genannt. Vieles spricht dafür, dass Bruck wie München eine Gründung Heinrichs des Löwen ist, auch wenn es dafür keine urkundlichen Belege gibt. Die Lage am Amperübergang (Bruck = Brücke) an der vom Welfenherzog gebauten Salzstraße München – Landsberg legt die Annahme nahe, ebenso der bis hierher reichende Schöngeisinger Forst. Er war ein Reichslehen der Welfen.

Einkehren am Weg
Fürstenfeldbruck: Klosterbräustüberl.

Rundtour zum Kloster Fürstenfeld

Die schönste Barockkirche wurde beinahe Kanonenfutter

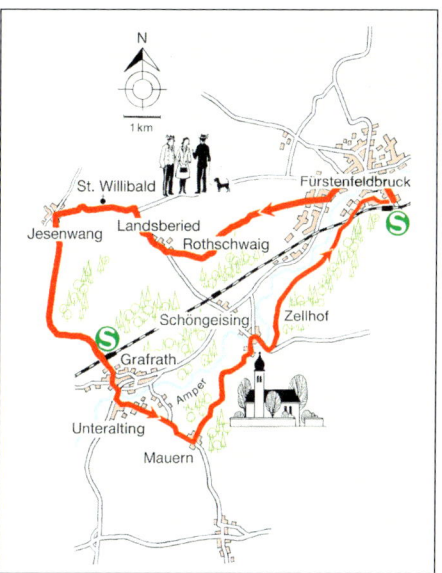

Abfahrt ab München
alle 20/40 Minuten.

Fahrzeit: 22 Minuten.

Fahrpreis: 2 Zonen/
4 Streifen.

Rückfahrt: S4 ab Grafrath.

Route: Unteralting – Mauern
– Schöngeising – Zellhof –
Fürstenfeldbruck –
Rothschwaig – Jesenwang.

Weglänge: 32 km.

Anspruch: Eine ausgedehnte
Tour durch Hügelland mit einer ganzen Reihe auch stär-
kerer Steigungen. Es gibt längere Abschnitte auf Forst-
straßen durch Hochwald und
auf Teerstraßen durch offene
Flur.

Von barocker Bauleidenschaft besessen ließ
Balduin Helm, Abt des Klosters Fürstenfeld, von
1690 bis 1705, zuerst 1691 den Klosterbau, ab
1700 die neue Kirche bauen. Unter seinem
Vorgänger Martin Dallmayr war der frühere
dreischiffige gotische Backsteinkirchenbau restauriert worden: Gleich viermal hatte schwedische Soldateska während des 30-jährigen
Krieges in Stadt und Kloster gewütet. 1717
wurde die alte Abteikirche abgerissen.

Die Radltour

Am Bahnhof fahren wir nach links, unterqueren die Bahnlinie und radeln auf der Bahnhofstraße und der Graf-Rasso-Straße zur Amper

Pferdesegnung in St. Willibald bei Jesenwang.

hinunter. An der Amperbrücke fahren wir auf der B 471 ein kurzes Stück nach rechts. Bei der Wallfahrtskirche St. Rasso biegen wir links ein und fahren in Unteralting aus dem Ort hinaus und weiter nach Mauern. Hier schwenken wir nach links und kommen nach Schöngeising. Bei der Kirche überqueren wir die Amper und nehmen etwas weiter südlich beim Wasenmeister die Teerstraße nach Zellhof, die nun an der Amper, später unter der Amper-Leiten nach Fürstenfeldbruck zur Klosteranlage führt. Wir halten uns links, schwenken an der Fürstenfelder Straße nochmals links nach Westen, überqueren die Schöngeisinger Straße und radeln weiter auf der Rothschwaiger Straße durch den Schöngeisinger Forst zum Gut Rothschwaig. Wir umfahren das Gut im Süden und halten weiter westliche Richtung nach Landsberied. Am Schlossberg geht es steil bergauf. Auf der Schlossbergstraße fahren wir in den Ort, nehmen die Hauptstraße nach rechts und biegen am Ortsende auf einen Feldweg nach links ein, der uns schnurgerade nach Jesenwang bringt. Unterwegs lohnt ein kurzer Abstecher (nach rechts) zur kleinen Wallfahrtskirche St. Willibald. Bei der Wegkapelle am südlichen Ortsrand von Jesenwang biegen wir links ein, erreichen nach kurzer Fahrt den Forst und radeln nun immer in Südrichtung zum S-Bahnhof Grafrath zurück.

Sehenswert (s. a. Tipps 12, 13)

Einmal im Jahr öffnen sich die beiden großen seitlichen Tore der Wallfahrtskirche **St. Willibald bei Jesenwang** aus dem Jahr 1413 zur Pferdesegnung. Reiter und Gespanne ziehen dann in bunter, langer Prozession, die im knapp zwei Kilometer entfernten Ort Jesenwang beginnt, am Altar vorbei durch den Kirchenraum. Die kleine Kirche mitten in der Flur birgt einen bemerkenswerten Hochaltar von 1617 mit einer um 1500 entstandenen Sitzfigur des hl. Willibald in der mittleren Nische,

Einkehren am Weg
Grafrath: Zum Dampfschiff;
Schöngeising: Zur Post, Zum Unter'n Wirt;
Fürstenfeldbruck: Klosterbräustüberl.

darüber befindet sich eine Figur des Heiligen aus dem ausgehenden 15. Jahrhundert. Die Seitenaltäre entstanden Anfang des 19. Jahrhunderts. Das Gemälde St. Willibalds an der Nordwand stammt von 1712.

Wissenswert

Das **Marienmünster des ehemaligen Klosters Fürstenfeld** gehört zu den eindrucksvollsten Barockbauten Bayerns. 1701 begann der damals führende Graubündener Baumeister Giovanni Antonio Viscardi (Erbauer der Münchner Dreifaltigkeitskirche) mit dem Neubau. Er starb 1731. Erst sein Nachfolger, der Münchner Johann Georg Ettenhofer, vollendete das Bauwerk 1741. Die an der Theatinerkirche beteiligten italienischen Künstler Giovanni Nicola Perti und Franz Appiani stuckierten den Innenraum. Die Fresken im Chor und im Langhaus schuf Cosmas Damian Asam. Die Hauptszenen zeigen Heilsereignisse aus dem Leben Jesu und des heiligen Bernhard. Von Asams Bruder Egid Quirin stammen die Seitenaltäre St. Sebastian und St. Peter und Paul. Der Meister des imposanten Säulenhochaltars ist unbekannt. Die beiden Stifterfiguren – der Klostergründer Ludwig der Strenge mit einem goldenen, von einem Dolch durchstoßenen Herzen auf der Brust und Kaiser Ludwig der Bayer – sind Werke des Münchner Hofbildhauers Roman Anton Boos von 1765/6.

Die große Orgel ist in Oberbayern das einzige vollständig im Original erhaltene zweimanualige Instrument aus der ersten Hälfte des 18. Jahrhunderts. Erbauer war Johann Georg Fux. Er verwendete dabei die Orgel aus der früheren abgebrochenen Kirche.

Zu den kostbarsten Stücken der Innenausstattung gehört eine frühgotische Steinmadonna auf dem Liebfrauenaltar (rechte rückwärtige Kapelle) – ein Geschenk Kaiser Ludwigs – und eine spätgotische Madonna mit Jesuskind vom Hauptaltar der früheren Kirche, entstanden um

Zu Schiff nach Grafrath
Später als am Starnberger See begann die Dampfschiffahrt auf dem Ammersee. Fast zugleich mit ihr, etwa ab 1880, setzte aber der Passagierverkehr auf der Amper ein – zur damaligen Bahnstation Grafrath. Der Name der dortigen Gastwirtschaft „Zum Dampfschiff" ist alles, was davon geblieben ist.

Polizei im Kloster
Die Gebäude des einstigen Klosters Fürstenfeld wurden nach der Säkularisation zunächst als Militärinvalidenhaus und Kaserne genutzt. Heute ist darin die Bayerische Beamtenfachhochschule, Fachbereich Polizei, untergebracht.

1470, die dem Künstler Ulrich Neunhauser, genannt Kriechbaum, zugeschrieben wird, sowie zwei Altarbilder aus der Spätgotik, wohl von Gabriel Malesskircher.

Im Zuge der Säkularisation von 1803 wurde auch das **Kloster Fürstenfeld** aufgelöst, die Klosterkirche öffentlich zum Verkauf angeboten. Jedoch niemand wollte sie haben. Da auch der Abbruch der königlichen Verwaltung zu teuer erscheint, wird das Marienmüster für „baufällig" erklärt; Kanonenbeschuss soll sie in Schutt und Asche legen. Dem Fürstenfeldbrucker Posthalter Philipp Weiß und einer Schar Gleichgesinnter ist es zu danken, dass der Kirche dies Schicksal erspart und sie erhalten blieb. Sie gewannen den einflussreichen Grafen Spreti-Weilbach als Fürsprecher und erreichten, dass Graf Montgelas, Finanzminister (später auch Innenminister) unter Max I. Joseph, Order gab, die Kirche wegen ihres hohen Kunstwertes zu erhalten. Die Kirche war damit gerettet. 1816 wird das Marienmüster zur Landhofkirche erhoben.

Die Gutskapelle Zellhof an der Amper vor Schöngeising.

Durch den Mauerner Wald

Die Muttergottes rettete den verirrten Jäger

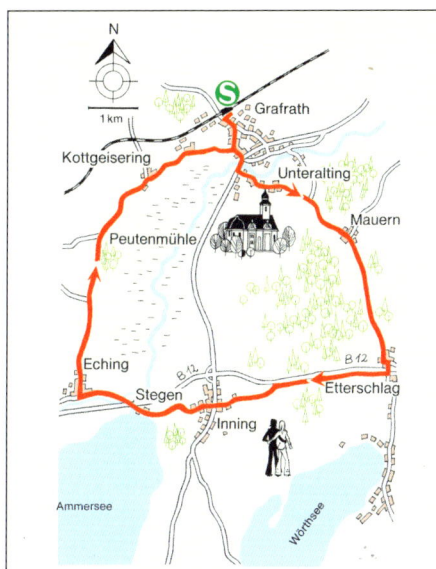

Abfahrt ab München
alle 20/40 Minuten.

Fahrzeit: 22 Minuten.

Fahrpreis: 2 Zonen/
4 Streifen.

Rückfahrt: S4 ab Grafrath.

Route: Unteralting – Etterschlag – Inning – Stegen –
Eching – Peutenmühle.

Weglänge: 20 km.

Anspruch: Eine leichte Tour
ohne große Steigungen,
meist auf Teerstraßen, die
vielfach schöne Ausblicke
auf den Ammersee und ins
Land bietet.

Der Ammersee, 534 Meter über dem Meeres-
spiegel gelegen, hat, anders als der etwas größere
Starnberger See, auch einen Zulauf: die Ammer,
die den See als Amper im Norden bei Stegen ver-
lässt. Und anders auch als der Starnberger See
verlandet der Ammersee allmählich. Vor 10 000
Jahren reichte er im Süden bis nach Weilheim. In
weiteren 10 000 Jahren, so schätzen Geologen,
wird er ganz verschwunden sein. Heute ist er
noch etwa 15 Kilometer lang und – bei der Herrschinger Bucht – etwa fünf Kilometer breit.

Die Radltour

Auf der Bahnhofstraße und der Graf-Rasso-
Straße fahren wir zur Bundesstraße 471, folgen

Blick auf den Ammersee von der Inninger Höhe.

Die Mooskuh
Im Ampermoos bei Stegen, das einst der Ammersee bedeckte, so geht die Sage, hauste vor Zeiten ein böses Gespenst, das viele Menschen ins sichere Verderben lockte. In manchen Nächten rief es mit der Stimme einer verirrten Kuh, und wehe dem, der dieser Stimme nachging, um das Tier zu retten: Er geriet unweigerlich ins Moor und versank auf immer im Sumpf. Heute hat das Moor als erkundete Kulturlandschaft seine Schrecken verloren. Verstummt ist auch der Ruf der „Mooskuh" – es war der Balzruf der Großen Rohrdommel.

ihr ein kurzes Stück nach rechts, biegen dann links nach Unteralting ein und fahren geradeaus nach Mauern. Weiter im Süden erreichen wir Etterschlag und die Bundesstraße B 12 neu (A 96). Nun nehmen wir den Radweg parallel zur Autobahn. Auf der Münchner Straße kommen wir nach Inning. Vor der Kirche biegen wir rechts ein in die Landsberger Straße, die uns nach Stegen zur Seepromenade und weiter westwärts nach Eching bringt. Wir radeln auf der Zankenhausener Straße nach Norden aus dem Ort hinaus. Über Peutenmühle und Kottgeisering kommen wir nach Grafrath zurück.

Sehenswert (s. a. Tipp 16)

Die **Barockkapelle Grünsink** ist alljährlich am letzten Sonntag im Juli Schauplatz eines altbayerischen Wallfahrtsfestes: Messe mit Altar und Beichtstühlen im Freien und natürlich Jahrmarkt und Brotzeit unter den alten Bäumen. An dieser Stelle gab es voreinst nur unheimlichen, undurchdringlichen Wald, in dem sich 1740 ein Jäger des Grafen Törring verirrte. Als die Nacht hereinbrach, geriet er in arge Not, bat die Gottesmutter um Hilfe und versprach, dort, wo er den Weg nach Weßling wiederfinden würde, ein Marienbild aufzustellen. Sein Gebet wurde erhört: „In der grünen Senke" fand er Rückweg zum Einödhof Schluifeld, wo er übernachtete und auch ein schönes Marienbild sah. Das ließ er sich vom Bauern geben, befestigte es in einem hohlen Birnbaum und kam nun oft hierher, um seiner Retterin zu danken. Immer mehr Leute folgten seinem Beispiel. So entwickelte sich eine bis auf den heutigen Tag lebendige Wallfahrt. 1762 erlaubte der Augsburger Bischof die öffentliche Verehrung. Im Jahr darauf entstand die erste kleine Kapelle.

St. Peter und Paul in Eching ist ein heller Saalbau mit einheitlicher Ausstattung, die dem Maler Christian Winck zugeschrieben wird. Er schuf auch das Altargemälde und die Deckenfresken mit Darstellungen der Hln. Peter und Paul (1770).

Zur Wallfahrt von St. Rasso

Der Heilige war Haudegen und Mönch zugleich

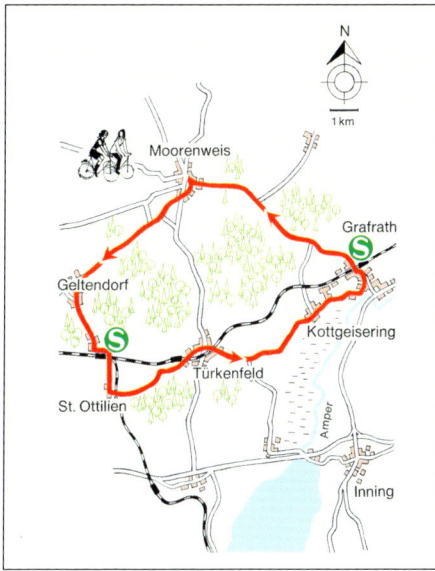

Abfahrt ab München
alle 20/40 Minuten.

Fahrzeit: 45 Minuten.

Fahrpreis: 2 Zonen/
4 Streifen.

Rückfahrt: S4 ab Geltendorf.

Route: St. Ottilien –
Türkenfeld – Grafrath –
Moorenweis.

Weglänge: 25 km.

Anspruch: Eine abwechs-
lungsreiche Fahrt mit vielen
Waldstücken ohne größere
Steigungen.

Graf Rasso von Dießen war in vieler Hinsicht ein
ungewöhnlich vielseitiger Mann: von großer Statur – er soll an die zwei Meter gemessen haben
und bekam darum den Beinamen „der Riese" –
machte er von sich als Kreuzfahrer, Heerführer
und als Mönch reden. Als Mönch stiftete er in der
ersten Hälfte des 10. Jahrhunderts ein Benediktinerkloster in Grafrath. Als Kreuzfahrer und Heerführer hatte er aus Rom und aus dem Heiligen
Land zahlreiche Reliquien mitgebracht. Er starb
954. In Grafrath ist er begraben.

Die Radltour

Am Bahnhof fahren wir nach rechts, unterqueren nach etwa 500 Metern die Bahn und ra-

Einkehren am Weg

St. Ottilien: Emminger Hof;
Grafrath: Dampfschiff;
Geltendorf: Alter Wirt.

deln nun die Allee leicht bergauf nach St. Ottilien. Hier halten wir uns links, überqueren die Bahn und biegen wenig später links nach Türkenfeld ab. Auf der Beuerer Straße und Duringstraße fahren wir zur Zankenhausener Straße, biegen hier rechts ein, fahren dann in Zankenhausen weiter geradeaus und kommen über Peutenmühle und Kottgeisering nach Grafrath. Auf der Graf-Rasso-Straße nach links kommen wir zum Bahnhof, unterqueren die Bahn und radeln nun durch den Staatsforst Wildenroth in nordwestliche Richtung nach Moorenweis. In der Ortsmitte halten wir uns links. Auf der Landsberger Straße kommen wir nach Geltendorf und nach etwa zwei Kilometern zum Bahnhof Geltendorf, dem Startpunkt der Tour, zurück

Sehenswert (s. a. Tipp 15)

Über die Kirche **St. Johannes der Täufer in Inning** berichtet der Chronist Joseph Dillitzer: „Das Gotteshaus ist dem heiligen Johann dem Tauffer dediciert: und erst 1767 größten Theils aus dem Testamental-Vermächtnis des hochwürdigen Pfarrers Maximilian von Baar selig ganz neu, und schön gebauet, und mit Stuckator, und Fresco Gemälde gezieret worden: ist, und bleibet ein Model eines wahrhaft schönen Gottes-Haußes ..." 1780 wird die Kirche geweiht. Gebaut hat sie der Münchner Stadtbaumeister Balthasar Trischberger nach Plänen von Leonhard Mathias Gießl. Die Fresken schuf Christian Winck, die Stuckarbeiten der Wessobrunner Tassilo Zöpfl, den Hochaltar Franz Xaver Schmädl.

Das Kloster **St. Rasso in Grafrath** wurde während der Ungarnstürme zerstört, die Kirche aber 974 neu errichtet. 1132 übereignete der Papst (Innozenz II.) die Kirche dem Augustinerchorherrenstift Dießen. In den folgenden Jahrhunderten entwickelte sich eine wachsende Wallfahrt. Der Grundstein zur heutigen (fünften) Kirche wurde 1688 unter Probst Renatus

Vom Vater verstoßen

Auf einer Anhöhe nördlich der Abteikirche liegt die der heiligen Ottilie geweihte Barockkapelle des ehemaligen Guts Emming. Sie war im Mittelalter Ziel vieler Wallfahrer. Die Heilige wurde, um 660 blind zur Welt gekommen, von ihrem Vater verstoßen. Von der späteren Klostergründerin sind zahlreiche Wunder überliefert. Sie wird vor allem bei Augenleiden angerufen und ist die Schutzpatronin des Elsass.

Sonntag gelegt. 1694 wurde der Bau vollendet, ein Jahr später geweiht. Die Gebeine des Heiligen wurden am Tag der Weihe in einem kostbaren Sarg auf dem Hochaltar zur Verehrung ausgestellt. Die Rokoko-Ausstattung erhielt die Wallfahrtskirche ab 1752 von bedeutenden Meistern: den Wessobrunner Brüdern Feichtmayr und Johann Georg Üblher (Stuckaturen), dem Augburger Johann Georg Bergmüller (Fresken), dem Münchner Hofbildhauer Johann Baptist Straub (Hochaltar).

Die Pfarrkirche **St. Marien in Türkenfeld**, 1489 erbaut, 1754 umgebaut, später mehrfach restauriert, ist mit graziösen Rokoko-Stuckaturen geschmückt und enthält schöne Deckenfresken von C. Thomas Scheffler (im Altarraum, von 1754) und Johannes Baader (im Langhaus, von 1766). Der Stuckmarmor-Hochaltar stammt aus dem Jahr 1804, die lebensgroße Muttergottesfigur darin gestaltete der Wessobrunner Meister Sporer 1810 nach der Figur auf der Münchner Mariensäule.

Die **Pfarrkirche St. Sixtus in Moorenweis** aus dem Jahre 1728 erhielt 1775 unter dem Wes-

*Grabstätte des „Riesen":
St. Rasso in Grafrath.*

Missionare am Start

1884 gründete der Beuroner Benediktinerpater Andreas Amrhein die St. Benediktus-Missionsgemeinschaft. St. Ottilien entstand 1886 als erstes Kloster der Gemeinschaft, die zunächst das alte Jagdschlösschen Emming bezog. Bis 1893 wandelte sich der ganze Weiler Emming zur Klosteranlage. 1902 wurde St. Ottilien Abtei. Die Kongregation hat sich die Mission in Afrika und Asien zur Hauptaufgabe gesetzt. In einem Jugendstilbau südlich der Klosterkirche ist das sehenswerte Missionsmuseum mit wertvollen völkerkundlichen Sammlungen aus Afrika und Asien eingerichtet. 1911 eröffnet, sollte es die Arbeit der Missionare in Ostafrika veranschaulichen. Schwerpunkt der Sammlung ist die zoologische Abteilung mit der Tierwelt des „schwarzen Kontinents". Die Exponate wurden größtenteils von den Mönchen selbst erlegt und präpariert.

sobrunner Abt Engelbert Goggl – Moorenweis gehörte ehemals zu dem Kloster – eine reizvolle Stuckdekoration mit zartgrünen Farbtönen und farbenprächtigen Deckengemälden von Matthäus Günther, die Szenen aus dem Leben des Heiligen Sixtus darstellen. Der Hochaltar mit einem Gemälde der Heiligen Sixtus und Laurentius stammt aus der zweiten Hälfte des 18. Jahrhunderts. Aus früherer Zeit sind die Figuren auf den Seitenaltären und die Ulrichskapelle übernommen.

Wissenswert

Die **Missionsbenediktiner von St. Ottilien** haben ganz klein angefangen. Saure Wiesen, steinige Felder, unkultiviertes Sumpfland und Moor mit Torfstich – so sah die Umgebung von St. Ottilien mit dem Weiler Emming vor etwa hundert Jahren aus. Pater Andreas Amrhein – er starb im Jahre 1927 – sah das Gelände und hielt es für den Bau eines großen Missionshauses geeignet und erwarb es 1886. Heute unterhält das Kloster als Erzabtei des Benediktinerordens Niederlassungen in Deutschland, in der Schweiz und in Übersee. Etwa 200 Mönche gehören der Klostergemeinschaft an, rund 80 von ihnen stehen im Missionseinsatz in Übersee. Die Mönche schufen nicht nur ein landwirtschaftliches Mustergut auf dem kargen Boden, sondern zugleich ein geistiges Zentrum, zu dem heute eine philosophische Hochschule, ein humanistisches Gymnasium, eine gewerbliche Berufsschule, eine Landwirtschaftsschule, ein Exerzitienhaus und ein Verlag mit Druckerei gehören. An den früheren Weiler Emming erinnert den Besucher nur mehr der Name der Gaststätte im Klosterbereich. Das Schlösschen wurde in den Klosterkomplex eingefügt. Die Ottilienkapelle, das einstige Kirchlein des Weilers Emming, wurde vor rund 500 Jahren in gotischem Stil erbaut, später erweitert und barock ausgestattet.

Ausflug zum Ammersee

Mit einem alten Flussdampfer begann die Seenschifffahrt

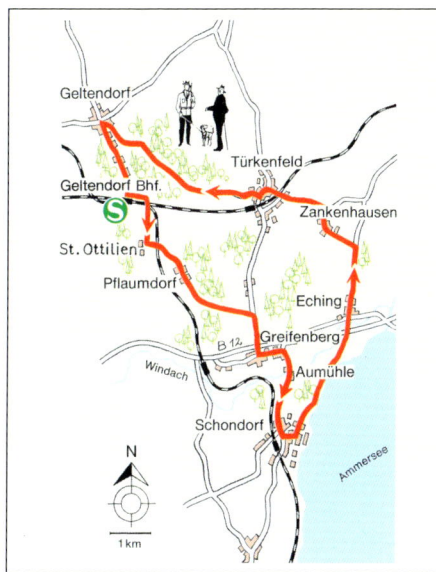

Abfahrt ab München
alle 20/40 Minuten.

Fahrzeit: 45 Minuten.

Fahrpreis: 3 Zonen/
6 Streifen.

Rückfahrt: S4 ab Geltendorf.

Route: St. Ottilien –
Pflaumdorf – Greifenberg –
Schondorf – Eching –
Türkenfeld.

Weglänge: 22 km.

Anspruch: Diese Tour bietet
viel Abwechslung, enthält
aber auch einige Steigungen.

Bis 1877 gab es auf dem Ammersee außer den
Booten der Fischer nur Flöße, mit denen Holz
vom Dießener Südzipfel des Sees zum Norden-
de und weiter auf der Amper bis nach Dachau
gedriftet wurde. Ab 1879 begann das Zeitalter
der Dampfschifffahrt auf dem See mit der „Marie", einem „Halbsalonboot", das man aus
Zürich geholt hatte. Zwei Jahr später verkehrte
das Dampfschiff „Marie Therese", in München
im Auftrag von Hugo von Maffei gebaut, dem
„Lokomotivkönig" und Großaktionär der Ammersee-Dampfschifffahrt, sogar dreimal täglich
zwischen Stegen und Grafrath. Die bisherige
Stellwagenverbindung von Grafrath, der Som-
merfrischler-Bahnstation an der 1873 eröffne-

*Zentrum der Missions-
benediktiner: St. Ottilien
bei Geltendorf.*

Einkehren am Weg
Grafrath: Zum Dampfschiff;
Schöngeising: Zur Post,
Zum Unter'n Wirt;
Fürstenfeldbruck: Kloster-
bräustüberl.

ten Linie München – Lindau, wurde mit dem Besucheransturm an schönen Wochenenden nicht mehr fertig. Der Zweite Weltkrieg bereitete der Amperschifffahrt ein Ende.

Die Radltour

Am Bahnhof fahren wir nach rechts, unterqueren nach etwa 500 Metern die Bahn und radeln nun die Allee leicht bergauf nach St. Ottilien. Vor dem Kloster schwenken wir nach links, kreuzen die Bahnlinie und halten uns rechts nach Pflaumdorf. Im Ort biegen wir rechts auf die Durchgangsstraße ein. Hinter Algertshausen erreichen wir die Straße von Türkenfeld, die uns rechts nach Greifenberg bringt. Nach Überqueren der B 12 neu auf der Beurer Straße nehmen wir die Hauptstraße nach links, dann nach rechts die Schondorfer Straße und biegen an deren Ende nach rechts auf den Radweg neben der Fahrstraße ein. Über Aumühle erreichen wir Schondorf. Immer links haltend kommen wir über die Greifenberger Straße, die Bahnhofstraße und die Seestraße zum Strandbad. Hier biegen wir links ein, dann gleich wieder rechts auf den Weingartenweg. Weiter am See entlang fahren wir auf der Kaagangerstraße nach Eching, überqueren die B 12 neu und radeln nun nach Norden auf Landstraßen über Zankenhausen nach Türkenfeld und von hier in westlicher Richtung zum Bahnhof zurück.

Allee auf dem Weg nach St. Ottilien.

Sehenswert

Aus der Mitte des 12. Jahrhunderts stammt die **St. Jakobs-Kapelle in Unterschondorf**, ein eigenartiger romanischer Tuffsteinbau, der einst wohl mit seinem Obergeschoss schützenden wie wehrhaften Zwecken diente. Der Altar mit der Figur des Hl. Jakobus stammt aus der ersten Hälfte des 17. Jahrhunderts.

Die Kirche **St. Georg in Pflaumdorf** ist ein kleiner barocker Bau mit Zwiebelhaube. Seine Innenausstattung ist schlicht, aber sehr anziehend mit einem barocken Hochaltar.

Durch die Wälder des Räubers Hiasl

Im Jexhof kann man ländliches Leben von einst nacherleben

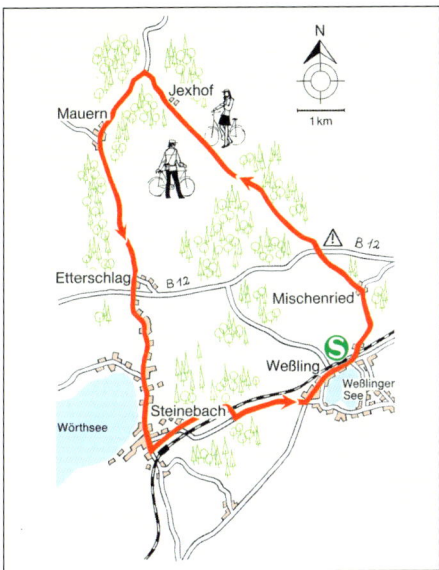

Abfahrt ab München
alle 20/40 Minuten.

Fahrzeit: 35 Minuten.

Fahrpreis: 2 Zonen/
4 Streifen.

Rückfahrt: S5 ab Weßling.

Route: Mischenried –
Jexhof – Mauern –
Etterschlag – Steinebach.

Weglänge: 17 km.

Anspruch: Ein Radlausflug,
bei dem der Wald den
„Ton angibt". Einige mäßige
Steigungen sind zu über-
winden.

Nicht ohne Zittern und Zagen konnte man in
früherer Zeit von Mischenried bei Weßling
über das Gut Jexhof nach Schöngeising gehen.
Der Weg führte nämlich durch finsteren Wald,
und darin hauste der gefürchtete Räuber Mathias Klostermeier. 1771 wurde der „Bayerische Hiasl", wie ihn der Volksmund taufte, ge-
fangen und nach langwierigem Prozess in
Augsburg öffentlich hingerichtet.

Die Radltour

Am Bahnhof unterqueren wir die Gleise und
fahren auf der Bachäckerstraße und der Tan-
nenbergstraße zum Mischenrieder Weg, dem
wir nach links aus dem Ort folgen. Vor dem

Einkehren am Weg
Weßling: Zur Post, Gut Mischenried;
Jexhof: Stüberl (für Museumsbesucher);
Steinebach: Gasthaus Raabe.

Reiterhof biegen wir links ein und radeln nun durch den Schluifelder Wald, nach Unterqueren der Autobahn (A96) durch den Mischenrieder Wald zum Jexhof und weiter in westlicher Richtung nach Mauern. Hier wechseln wir in Südrichtung, nehmen die Landstraße nach Etterschlag und unter der Autobahn hindurch weiter nach Steinebach. Bei der Kirche biegen wir links in die Weßlinger Straße ein, radeln bis zur Bahn und fahren nach links neben der Bahn in Richtung Weßling. Im Dellinger Buchet wechseln wir auf die andere Bahnseite und kommen auf dem Steinebacher Weg und dem Seeweg zum S-Bahnhof zurück.

Wissenswert/Sehenswert

Bis vor knapp hundert Jahren war bäuerliches Leben ohne ihn nicht zu denken: den Flachs. Aus ihm wurde Kleiderstoff hergestellt, und seine Samen dienten als Heilmittel ebenso wie als Viehfutter. Trotz der Wiederbelebung der alten Kulturpflanze während der Notzeiten des letzten Weltkriegs ist das Wissen um den Flachs verkümmert. Nicht so im **Jexhof**, dem Bauernhofmuseum des Landkreises Fürstenfeldbruck. Hier kann man sich anschaulich über Anbau und Verarbeitungstechniken von Flachs informieren und zugleich ein lebendiges Bild vom bäuerlichen Leben um die Jahrhundertwende machen. Das Museum wurde 1987 eröffnet. Träger ist der Landkreis. (Infos über Öffnungszeiten und Eintritt: Tel. 0 81 53 – 24 03 oder beim Landratsamt, Tel. 0 81 41 – 51 92 05. Dort und im Museum gibt es auch einen ausführlichen Führer.)

Der **Weßlinger See** ist ein sogenannter Toteissee, entstanden aus dem Schmelzwasser großer Gletschereisbrocken, die nicht versickern konnten, weil feine Ablagerungen den Untergrund abdichteten. Trotz fehlenden Zu- und Ablaufs verlandet der See nicht, er bekommt Wassernachschub aus Quellen am Seegrund und den Niederschlägen der Umgebung.

Idyllisch gelegen: der Weßlinger See.

Zum Schloss der Grafen von Törring

Der Seefelder Schlosshof ist ein beliebter Biergarten

Abfahrt ab München
alle 20/40 Minuten.

Fahrzeit: 47 Minuten.

Fahrpreis: 3 Zonen/
6 Streifen.

Rückfahrt: S5 ab Herrsching.

Route: Hechendorf –
Drößling – Frieding –
Andechs.

Weglänge: 22 km.

Anspruch: Zu den vielen
schönen Aussichtspunkten
dieser Route muss man ganz
schön strampeln und sich
auf gute Bremsen verlassen
können.

Eine der ältesten Eichenalleen Bayerns ist die
heute vielbefahrene Straße zwischen Weßling
und Seefeld. Bald zweieinviertel Jahrhunderte
alt sind die mächtigen Bäume zu beiden Seiten
der Straße, und manche von Ihnen mussten sich
altersbedingt schon sichtbar der Pflege kundi-
ger Baumchirurgen unterziehen. Sie wurden
wie die beim Gut Delling auf der Höhe nach
Weßling 1776 von Anton Graf Törring von Seefeld, einem engagierten Naturwissenschaftler
und landwirtschaftlichen Reformator, angelegt.

Die Radltour

Wir fahren am Bahnhof nach rechts „Am Lan-
dungssteg", biegen rechts in die Seestraße ein

Einkehren am Weg
Seefeld: Bräustüberl
Schloss Seefeld;
Frieding: Stiefelwirt;
Andechs: Klosterbräustüberl,
Klostergasthof;
Herrsching: Seehof,
Mühlfeldbräu.

und gleich wieder rechts in die Rudolf-Hanau-er-Straße. Über die Madeleine-Ruoff-Straße kommen wir zur Rieder Straße, fahren links weiter, nehmen dann nach rechts die Hechen-dorfer Straße und radeln nun schnurgerade nach Hechendorf. Dort geht es rechts hinüber nach Seefeld (Seefelder Straße), zum Schloss hinauf und weiter nach Drößling. Hier biegen wir rechts in die Erlinger Straße nach Frieding ein und fahren durch den Ort weiter auf der Herrschinger Straße. Vor dem Wald (und der Gefälle-Strecke) folgen wir dem Wegweiser links nach Andechs, das wir nach Süden ra-delnd erreichen. Auf der Andechser Straße weiter nach Süden kommen wir von der Klos-teranlage nach Erling, biegen rechts in die Herrschinger Straße ein und können das Fahr-rad nun bis Herrsching gebremst rollen lassen.

Sehenswert

Schloss Seefeld, durch steilen Hang im Südwes-ten und den tiefen Höllengraben im Nordos-ten geschützt, gleicht mehr einer mittelalterli-chen Burg als einer Schlossanlage. Es ist seit

Der Burghof wurde Biergarten: Schloss Seefeld.

1472 Stammschloss der Grafen von Törring und noch heute in ihrem Besitz. Die Anlage geht auf das 12. Jahrhundert zurück. Aus dieser Zeit ist nur mehr der um 1500 erneuerte Bergfried erhalten. In den vorgelagerten Wirtschaftsgebäuden finden sich heute Einrichtungsgeschäfte und eine Gastwirtschaft mit Biergarten im Burghof. Das Schloss selbst wird teilweise als Dependance der Staatlichen Museen für wechselnde Ausstellungen genutzt. Ein Rokoko-Juwel ist die Schlosskapelle St. Johannes Baptist im ersten Obergeschoss des inneren Hofes von 1774 mit Stuckaturen von Thassilo Zöpf und Deckenfresken von Josef Ott (1776). Der **Andechser Schatz** in der heiligen Kapelle ist nur der kostbare Rest der bis zur Säkularisation weitaus reicheren Klosterheiltümer. Zu den wertvollsten Stücken gehören das Siegeskreuz Karls des Großen, ein kleiner Kruzifixus aus Bronze aus dem 12. Jahrhundert, das aus vergoldetem Silber gefertigte Brustkreuz der Heiligen Elisabeth, angeblich ein Geschenk von Papst Gregor IX., und ein Zepter mit Reliquie vom Spottzepter Christi.

Kleine Seentour nach Steinebach

Der Wörthsee ist einer der wärmsten Seen Bayerns

Abfahrt ab München
alle 20/40 Minuten.

Fahrzeit: 47 Minuten.

Fahrpreis: 3 Zonen/
6 Streifen.

Rückfahrt: S5 ab Steinebach.

Route: Ried – Breitbrunn –
Schlagenhofen – Bachern –
Walchstadt – Steinebach.

Weglänge: 15 km.

Anspruch: Eine kurze Tour,
die es aber in sich hat.
Es geht ordentlich bergauf
(und bergab), und es gibt
besonders schöne Ausblicke.

Ein typischer Moorsee der Voralpenlandschaft
ist der Wörthsee. Sein Wasserspiegel liegt 27
Meter über dem des Ammersees. Relativ klein
– etwa dreieinhalb Kilometer lang, eineinhalb
Kilometer breit und nicht sehr tief, bis 33 Meter –, speichert er die Sonnenstrahlen anhaltend
lange. Als einer der wärmsten Seen in ganz
Bayern ist er eine beliebte „Badewanne" der
Münchner, die sich hier gern auch als Dauer-
gäste einrichten – im Campingwagen.

Die Radltour

Am Bahnhof fahren wir links über die Ladestraße
zur Rieder Straße, auf der wir nun immer nordwärts durch der Rieder Wald nach Breitbrunn ra-

deln. Kurz vor der Ortsmitte biegen wir rechts auf die Wörthseestraße ein und erreichen nach etwa zwei Kilometern Schlagenhofen. Hier geht es weiter auf der Dorfstraße, dann links der Wörthseestraße nach Norden. Später biegen wir rechts ein nach Bachern, durchqueren den Ort auf der Fischerstraße und nehmen nach rechts die Forellenstraße, die uns nach Walchstadt bringt. Nach Steinebach hinüber fahren wir auf der Wörthseestraße, dem Seeuferweg, der Seestraße und der Seepromenade. Dann nehmen wir links den Birkenweg und kommen zur Hauptstraße, die nach rechts zum S-Bahnhof führt.

> **Einkehren am Weg**
> **Steinebach:** Gasthaus Raabe;
> **Herrsching:** Seehof.

Sehenswert

Die Kirche **St. Bartholomäus in Walchstadt** diente früher als Schlosskapelle. Der Hochaltar, die Rosenkranz-Muttergottes und die Heiligenfiguren des südlichen Seitenaltars stammen aus dem 17. Jahrhundert. Am südlichen Seitenaltar findet sich auch ein Schrein mit der Predella (Altarsockel) eines spätgotischen Altars, der aus Aufkirchen stammen soll.

Badesee vom Feinsten:
Der Wörthsee bei Steinebach.

Wissenswert

Der Ortsname **Walchstadt** stammt aus der Zeit der bajuwarischen Besiedlung des Voralpenraumes im 5. und 6. Jahrhundert. Die Bajuwaren nannten die schon ansässige Bevölkerung aus Kelten und Römern „Walchen" (Welsche). Wegen seiner schönen Lage hoch über dem Wörthsee zieht es auch Prominente nach Walchstadt, u. a. wohnten hier der Heldentenor der Münchner Staatsoper, Hans Hopf, der Filmschauspieler Willy Birgel und Ernst Kraus, von 1896 bis 1922 Heldentenor der Berliner Staatsoper und um die Jahrhundertwende der Siegfried der Bayreuther Festspiele. Er kaufte sich 1905 einen Bauernhof auf einem Walchstadter Hügel mit Blick auf Andechs und starb dort 1941. Als sportlich schlanker und unermüdlicher Wanderer und Schwammerlsucher verbrachte er zwei Jahrzehnte lang den Sommer immer am Wörthsee.

Rund um den Ammersee

Die Ammer kommt, die Amper geht

Abfahrt ab München
alle 20/40 Minuten.

Fahrzeit: 47 Minuten.

Fahrpreis: 3 Zonen/
6 Streifen.

Rückfahrt: S5 ab Herrsching.

Route: Breitbrunn – Inning –
Schondorf – Utting –
Riederau – Dießen – Fischen.

Weglänge: 40 km.

Anspruch: Eine schöne, aber
lange Tour liegt vor uns. Oft
müssen wir das Ufer verlassen und Steigungen in Kauf
nehmen. Schöne Ausblicke
lohnen die Mühe.

Wild und bizarr ist die Schlucht, die der Kien-
bach im Laufe der Jahrtausende von Erling auf
der Höhe bis hinunter nach Herrsching gegra-
ben hat. Die Schotterstraße durch das Kiental
gibt es erst seit 1853. 1999 mußte sie neuerlich
gesichert werden, weil auch heute noch Erd-
rutsche und Felsstürze die Schlucht verändern.
Unweit unterhalb des Klosters Andechs hat das
Wasser einen acht Meter hohen Nagelfluhfel-
sen freigespült, der im Volksmund „Teufelskan-
zel" heißt. Hier soll – ehe die Schotterstraße
gebaut wurde – die „Kuttenmirl" in einer Höh-
le gehaust haben, eine fromme Einsiedlerin,
die sich von den Früchten des Waldes ernähr-
te. Wie es heißt, ist sie in Erling begraben.

Die Radltour

Am Bahnhof fahren wir links auf der Ladestraße zur Rieder Straße und bleiben jetzt auf
dieser Fahrstraße über Lochschwab, Ried,
Breitbrunn und Buch bis Inning. Hier biegen
wir bei der Kirche nach links in die Landsberger Straße ein und fahren nach Stegen, dann
über die Amper und weiter nach Westen. Im
südlichen Ortsteil von Eching geht es nach
links auf der Kaaganger Straße in Südrichtung
durch den Weingarten nach Schondorf. Auf der
Seestraße und dem Seeuferweg kommen wir
nach Utting. Hier fahren wir auf der Eduard-
Thöny-Straße, St.-Ulrich-Straße, Schmied-
bergstraße und Adolf-Münzer-Straße wieder
über Holzhausen zur Fahrstraße zurück, biegen links ein und folgen ihr bis Riederau. Am
Bahnhof unterqueren wir die Bahngleise und
radeln nun auf dem Seeweg Süd nach St. Al-
ban, dann auf dem Unteren Albaner Weg und
der Seestraße nach Dießen. Auf der Jägerallee
kommen wir vom Bahnhof Dießen wieder zur
Fahrstraße (Weilheimer Straße), radeln stadt-
auswärts, schwenken an der Kreuzung nach
links und erreichen Fischen. Hier biegen wir
erneut nach links ein auf die Herrschinger
Straße und bleiben nun immer auf der Straße
am Seeufer. Über Aidenried und Wartaweil
kommen wir so nach Herrsching zurück.

Einkehren am Weg
Inning: Zur Post;
Stegen: Gasthof Schreyegg,
Fischer am See;
Schondorf: Villa am See;
Dießen: Gasthof See,
Chorherrnstüberl (Abstecher
zur Klosterkirche);
Herrsching: Mühlfeldbräu,
Seehof.

Herbststimmung am Ammersee.

Die Herrschinger Bucht dient als Segelhafen.

Sehenswert (s. a. Tipps 24, 26)

Den Grafen von Andechs, die hier am Südufer des Ammersees ihre Stammburg hatten, verdankt das **Augustiner-Chorherrenstift Dießen** seine Entstehung. 1132 ist das Gründungsdatum. 1318 gingen Kirche und Kloster in Flammen auf, 1340 wird ein Neubau vollendet. An seine Stelle trat seit 1720 eine neue Anlage. Acht Jahre später ist sie fast vollendet. Doch Stiftspropst Herculan Karg studiert zeitgenössische Kirchenbauten und wird anderen Sinnes. Er befiehlt den Abbruch des Baus und beauftragt Johann Michael Fischer mit neuen Bauplänen und deren Ausführung. 1739 wird die neue Kirche geweiht. Die geniale Raumschöpfung erhält eine kongeniale Innenausstattung. François Cuvilliés d. Ä. entwirft den bühnenähnlichen Hochaltar. Die Deckengemälde sind das Werk des Augsburgers Johann Georg Bergmüller, Kanzel und Orgelprospekt gehen auf Entwürfe von Johann Baptist Straub zurück. Die Stuckaturen führen Wessobrunner Meister aus: die Brüder Feichtmayr und Georg Überherr – die berühmtesten Künstler des bayerischen Barock haben die Stiftskirche St. Maria hoch über dem Ufer des Ammersees, den „Dießener Himmel" mitgestaltet. Der Beiname geht auf das Wort des Predigers bei der Kirchenweihe zurück: „Ich sehe einen neuen Himmel offen".

Die **Pfarrkirche St. Johann Baptist in Inning** wurde 1765–67 erbaut, wohl von dem Baumeister L. M. Gießl, der auch die Starnberger Pfarrkirche aufführte. Der Altarraum und der Unterbau des Turmes mit doppelter Zwiebelhaube stammen noch aus mittelalterlich-spätgotischer Zeit. Besonders bemerkenswert ist die einheitliche, vorzügliche Ausstattung durch bedeutende Barockkünstler: Die Wessobrunner Stuckaturen schuf Thassilo Zöpf, die Deckengemälde – im Altarraum die Taufe Christi, im Langhaus die Predigt Johannes des Täufers – sind von Christian Winck (1767). Schön geschnitzte Holzstützen tragen die Westempore.

Die Kirche St. Anna in Schondorf aus dem Jahre 1499 wurde 1720 umgestaltet und stuckiert. Außen sind noch gotische Friese erhalten. Der Hochaltar mit guten Figuren und die Figuren im Langhaus stammen aus der ersten Hälfte des 18. Jahrhundert.

Reicher Wessobrunner Stuck ziert die Wände und das Gewölbe der **Wallfahrtskirche St. Leonhard in Utting**. Sie wurde 1712 errichtet. Die schwarz und gold gestalteten Altäre und die Kanzel stammen aus der Erbauungszeit.

Die **Pfarrkirche Mariä Heimsuchung** gehörte einst zum Kloster Dießen. Der einfache, eher nüchterne Saalbau in seiner jetzigen Form stammt aus dem Ende des 18. Jahrhunderts. Die Verkündigungsgruppe auf dem Seitenaltar, die Kanzel und die Apostelfiguren im Langhaus sind jedoch älter und werden in den Anfang des 18. Jahrhunderts datiert.

Wissenswert

Die Ammersee-Dampfschifffahrt nahm in Dießen ihren Anfang, genau am Faschingsdienstag des Jahres 1879. Zwölf wagemutige Männer aus dem Ort hatten sich in Heilbronn einen ausgedienten Flussdampfer beschafft und ihn teils per Bahn, teils auf Fuhrwerken herverfrachtet, um damit in See zu stechen. Zur Sicherheit wurden an dem Veteranen beidseits Auslegerboote befestigt. Und sie schafften es, erreichten Utting, dann Stegen und schließlich am dritten Tag wieder den Ausgangspunkt.

> **Salzstadel wird Kaiserhaus**
> Neben der Kirche steht in Inning das sogenannte Kaiserhaus. Ein großes Fresko auf dem einstigen, mehrmals umgebauten Salzstadel erzählt, wie es zu dem stolzen Namen kam. Am 15. November 1021 nämlich hatte hier Kaiser Heinrich II. (der Heilige) auf seinem Zug nach Süden, um in Unteritalien die Vorherrschaft des Reiches wieder herzustellen, mit seinem Heer von 60 000 Mann übernachtet.

Durch den Königswieser Forst

Gauting ist eine der ältesten Siedlungen im Würmtal

Abfahrt ab München
alle 20/40 Minuten.

Fahrzeit: 36 Minuten.

Fahrpreis: 2 Zonen/
4 Streifen.

Rückfahrt: S6 ab Starnberg.

Route: Wangen – Buchendorf – Gauting – Königswiesen – Rieden.

Weglänge: 25 km.

Anspruch: Eine Tourempfehlung besonders für heiße Sommertage – die Route führt überwiegend durch Wälder und hält viel Schatten und auch einige leichtere Steigungen bereit.

Auf dem Starnberger Schlossberg stand ursprünglich eine Burg. Erstmals wird sie 1244 urkundlich genannt. Im 14. Jahrhundert geht sie in den Besitz der bayerischen Herzöge über. 1541 lässt Herzog Wilhelm IV. anstelle der Burg ein Schloss bauen, das 1646 im vorletzten Jahr des Dreißigjährigen Krieges von den Schweden gestürmt und zerstört wurde. Kurfürst Ferdinand Maria (1651–79) lässt es wieder aufbauen. Unter seiner Herrschaft wird es Schauplatz glanzvoller, luxuriöser Feste, wozu auch Festlichkeiten und Jagden auf dem See (das Schiff „Bucentaur" wurde eigens dafür gebaut) gehörten. Seit dem 19. Jahrhundert dient das Schloss Amtszwecken – bis auf den heutigen Tag: als Finanzamt.

Die Radltour

Vom Bahnhofsvorplatz fahren wir auf der Kaiser-Wilhelm-Straße zur Josef-Jägerhuber-Straße, dort rechts auf der Perchastraße und weiter auf der Münchner Straße (Richtung Autobahn) bis zum Abzweig der Würmstraße nach Percha. Am Ortsrand an der großen Straßenkreuzung geht es weiter geradeaus auf der Buchhofstraße aus dem Ort hinaus nach Wangen. Im Ort biegen wir links auf die Buchendorfer Straße ein und radeln durch den Schwaigwald und den Buchendorfer Gemeindewald nach Buchendorf. Dort biegen wir links auf den Gautinger Weg ein, halten uns in Gauting geradeaus, überqueren die Würm und folgen der Ammerseestraße nach Westen. Vor der Bahn geht es nach links auf der Zugspitzstraße und weiter auf der Königswieser Straße aus dem Ort hinaus. In Königswiesen fahren wir unter der Bahn hindurch rechts auf der Hauser Straße weiter. Am Ortsanfang von Hausen biegen wir links auf die Teerstraße zum Forst ein, die sich als fester Waldweg fortsetzt, und radeln an der Kapelle Hergottsruh vorbei zum Bahnhof Mühlthal, bleiben auf der Westseite der Gleise und kommen über Gut Rieden (Golfanlage) auf dem Riedener Weg immer südwärts nach Starnberg zurück.

Sehenswert (s. a. Tipps 23, 24, 31)

Das **Würmgau-Museum in Starnberg** ist in einem alten Fischerhaus, dem Lochmann-Haus, eingerichtet, das in seinem ältesten Teil aus dem 15. Jahrhundert stammt. Man findet es auf der Westseite der Seepromenade vor dem „Undosa", jedoch jenseits des Bahndamms, der es vom See trennt, an dessen Ufer es einstmals stand. Hier ist alles zusammengetragen, was Auskunft über die wechselvolle Geschichte der Stadt und des Sees gibt: Gerät und Einrichtungen von Bauern wie Fischern ebenso wie Modelle, Gemälde, Zeichnungen, Grabungsfunde und, und, und ... Natürlich fehlt auch nicht ein Modell des Prunkschiffs „Bucentaur".

Einkehren am Weg
Wangen: Gasthaus Holzeder;
Rieden: Gaststätte Gut Rieden;
Mühlthal: Wirtshaus Obermühlthal;
Starnberg: Seerestaurant Undosa.

St. Peter und Paul ist die kleine Kapelle beim Gut Rieden gewidmet.

Rund um den Starnberger See

Ein Kreuz im See bei Berg erinnert an den König

Abfahrt ab München
alle 20/40 Minuten.

Fahrzeit: 36 Minuten.

Fahrpreis: 2 Zonen/
4 Streifen.

Rückfahrt: S6 ab Starnberg.

Route: Kempfenhausen –
Berg – Ammerland – Ambach
– Seeshaupt – Bernried –
Tutzing – Possenhofen.

Weglänge: 50 km.

Anspruch: Eine lange, aber
lohnende Tour; bei klarer
Sicht mit herrlichen Aus-
blicken in die Voralpenlandschaft, über den See und auf
die Alpenkette.

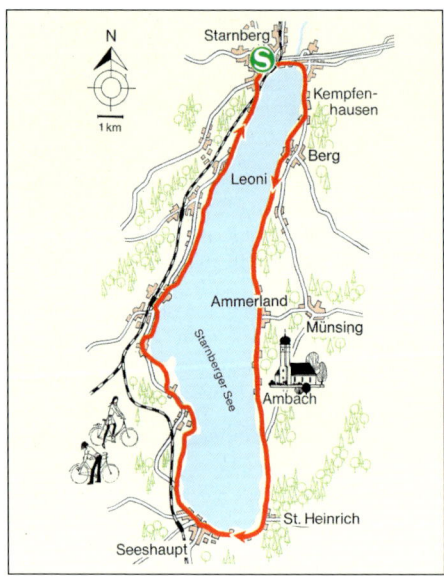

„Der Morgenstrahl rollt die Karte des ganzes Sees
auf, die blau in das grüne Land gezeichnet ist, eine meilenlange, blitzende Wasserfläche und da-
hinter das gestreckte Panorama der südbairischen
Gebirge. Es ist, als ob zwischen dem See und
den Bergen nichts läge, als ob Dich selbst die
Fluth zu ihnen hinziehen wollte, und doch erhe-
ben sich hinter dem verschwimmenden Ufer und
jenen Gewaltigen noch der Wälder und Hügel
gar viele." Das schrieb Heinrich Noe vor rund
hundert Jahren über den Starnberger See.

Die Radltour

Vom Bahnhof fahren wir über die Seepromenade, die Dampfschiffstraße, die Perchastraße

(rechts) und die Münchner Straße (Radweg) über die Würm, dann nach rechts in den Schiffbauerweg und nun immer nach Süden auf dem Uferweg über Kempfenhausen nach Berg. Hier geht es auf der Wittelsbacherstraße um das Schloss herum bergauf, durch den Schlosspark (Votivkapelle) nach Leoni, dann auf der Assenbucher Straße zur Seeburg (Allmannshausen) und weiter direkt am Seeufer nach Ammerland, Ambach, Pischetsried und St. Heinrich. Ab hier Radweg neben der Fahrstraße nach Seeshaupt, durch den Ort und auf der Tutzinger Straße aus dem Ort hinaus. Ein Stück hinter Seeseiten biegen wir nach rechts ein und fahren nun wieder nahe am See-

Die Votivkapelle für Ludwig II. im Park von Schloss Berg.

ufer durch Mooslandschaft, dann durch den Bernrieder Park in Nordrichtung nach Bernried. Auf dem Radweg neben der Fahrstraße umgehen wir die Höhenrieder Kuranlagen bis zum Ortsanfang von Unterzeismering. Hier geht es rechts über Höhenrieder Weg (rechts), Erlenstraße (links) und Lindenallee (rechts) und deren Fortsetzung als Georg-Roth-Weg unter dem Johannishügel nach Tutzing. Hier folgen wir ein Stück der Hauptstraße durch den Ort, radeln dann auf der Hans-Albers-Straße zum See und weiter nach Garatshausen, Feldafing und Possenhofen. Ab hier müssen wir das restliche Wegstück nach Starnberg zurück auf der Fahrstraße absolvieren.

Sehenswert (s. a. Tipps 22, 24, 31)

Die eigenartig geformte Turmspitze mit doppelter Zwiebel hoch über dem See macht die Kirche **St. Joseph** neben dem Schloss zum Wahrzeichen Starnbergs. Die Kirche wurde 1764–66 errichtet. Baumeister war der Münch-

Einkehren am Weg
Berg: Seerestaurant Berg;
Ambach: Zum Fischmeister;
Ammerland: Gasthof Huber;
St. Heinrich: Buchscharner
Seewirt, Fischerrosl;
Seeshaupt: Seerestaurant
Lido; Gartenrestaurant
Seeseiten;
Bernried: Seerestaurant
Marina;
Unterzeismering: Bauern-
girgl;
Tutzing: Andechser Hof;
Starnberg: Seerestaurant
Undosa.

ner Stadtmaurermeister Leonhard Matthäus Gießl. Außen wie innen ist sie eher schlicht. Die vorzügliche einheitliche Innenausstattung des Spätrokoko macht sie zu einer Sehenswürdigkeit ersten Ranges. Christian Winck schuf die meisterlichen Deckenfresken (im Langhaus die Vision Josephs und das Leben der heiligen Familie). Der Hochaltar mit der Heiligen Familie in der Mitte und den Seitenfiguren der Heiligen Nepomuk und Franz Xaver ist ein Werk Ignaz Günthers von 1765. Auch die Kanzel, gekrönt von einem riesigen Adler mit ausgebreiteten Schwingen, wird ihm zugeschrieben.

Schloss Berg. An der Stelle eines alten Herrenhauses ließ Hans Friedrich von Hörwarth 1640 ein Schloss errichten. 1676 erwarb es Kurfürst Ferdinand Maria. Dies Schloss ist der Kern des heute bestehenden und im Besitz der Wittelsbacher verbliebenen Schlosses, das Maximilian II. im englisch-neugotischen Stil umbauen und Ludwig II. erweitern ließ. Der Park geht auf Kurfürst Ferdinand Maria zurück, seine landschaftliche Gestaltung ließ Maximilian I. besorgen.

Durch Sisi, die spätere Kaiserin von Österreich, die hier ihre Kindheit verbrachte, erlangte **Schloss Possenhofen** (Film-)Weltruhm. Das

*Badeplatz mit
Gebirgsblick
am Starnberger See
bei St. Heinrich.*

Schloss, 1536 als Steinbau erbaut, wechselte vielfach den Besitzer. 1834 erwarb es Herzog Maximilian von Bayern, der es erneuern und den dazugehörigen Park erweitern ließ. Es wurde der Lieblingsaufenthalt der herzoglichen Familie.

Wissenswert

Leoni müßte eigentlich Assenbuch heißen. Den Namen verdankt es dem Hofopernsänger Leoni, der sich hier eine Villa baute, in der die Münchner Künstler ein und aus gingen.

Ammerland ist mit dem Namen des Grafen Pocci verbunden. Der „Kasperl-Graf" bewohnte das Schlösschen Ammerland. König Ludwig I. hatte es ihm, seinem Oberhofzeremonienmeister, 1841 geschenkt. (Heute ist es in Eigentumswohnungen aufgeteilt.) Hier entstanden die meisten seiner Märchen und Kasperlspiele.

Über den **„Bucentaur"** berichtet A. Link 1879 in seinem Buch über den Starnberger See: „In der Vorzeit war der Würmsee der vorzüglichste Vergnügungsort des bayerischen Landesfürsten. Panzenstechen, Schifferstechen und Schiffrennen bildeten Fischerspiele, und wechselten mit den Freuden der Jagd. Kurfürst Ferdinand Maria († 1679) ließ zu Ehren seiner prunkliebenden Gemahlin Henriette Adelheid von Savoyen von italienischen Baumeistern ein prachtvolles Schiff, ‚Bucentaur' genannt, erbauen, das 100 Fuß (37 m) in der Länge, 25 (10 m) in der Breite und 20 (8 m) in der Höhe hatte, 500 Personen fasste und mit 110 Matrosen nebst 16 Kanonen bemannt war. Es bestand aus drei Etagen und Verdecken, deren das erste für die Schiffsleute, das zweite für die höchsten Herrschaften, das dritte für die Musikanten und Dienerschaft bestimmt war. Seine Herstellung kostete 30 000 fl. Bei Festen, an welchen der Bucentaur in See stach, war derselbe meist von anderen ausgezeichneten Schiffen umgeben, so dass sie zusammen eine Flotille bildeten, welche gegen 2 000 Personen an Bord hatte ..."

> **Ein Kreuz im See**
> Unglück, Selbstmord, Mord – das Rätsel bleibt wohl ungelöst. Tatsache ist: Am Ufer des Starnberger Sees im Park von Schloss Berg, der heute rund ums Jahr öffentlich zugänglich ist, fanden die Bayern liebster „Kini" Ludwig II. und sein Arzt Dr. Gudden am 13. Juni 1886 den Tod. Ein Kreuz im See in Ufernähe markiert die Stelle. Die Votivkapelle zum Gedenken an den unglücklichen König, ein neuromanischer Bau mit Fresken von August Spiess (Architekt Julius Hofmann), wurde 1900 errichtet.

Zur ältesten bayerischen Wallfahrt

St. Rasso brachte die Heiltümer aus dem Heiligen Land

Abfahrt ab München
alle 20/40 Minuten.

Fahrzeit: 36 Minuten.

Fahrpreis: 2 Zonen/
4 Streifen.

Rückfahrt: S6 ab Starnberg.

Route: Maising – Landstetten
– Andechs – Machtlfing –
Feldafing.

Weglänge: 30 km.

Anspruch: Wiesen, Felder,
Wälder und Moore wechseln
sich bei dieser Tour durch
das Hügelland zwischen den
beiden großen Seen ab. Wir
fahren meist auf geteerten
Straßen, und es geht immer
wieder bergauf und bergab.

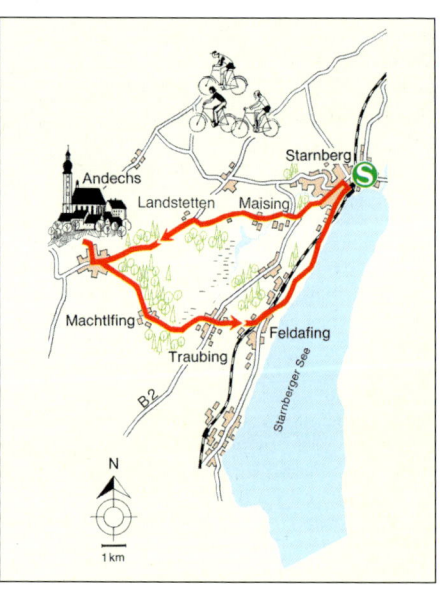

„Von den Hügeln, die den See umgeben, erhält er (der Starnberger See) beständigen Zu-
fluss von Wasser, die ergiebigsten und bestän-
digsten Quellen kommen unstreitig von unten.
Sein Wasser ist fast durchgängig klar, hell und
durchsichtig. Bei guter, freundlicher Witterung
steht sein Spiegel beinahe still, oder spielt in
lichtgrünen Wellen; zur Zeit des aufbrausen-
den Sturmes oder mächtigen Windtobens aber
fluthet er und brauset in weißgrünen überein-
anderlaufenden Wogen..." A. Link, 1879

Die Radltour

Am Bahnhof halten wir uns links, biegen dann
rechts in die Bahnhofstraße ein und an deren

Der Heilige Berg von Andechs.

Ende wieder nach links in die Weilheimer Straße (B 2). Hier bleiben wir auf dem Radweg neben der Bundesstraße. In Höhe der General-Fellgiebel-Kaserne biegen wir nach rechts ab und fahren in westlicher Richtung um das Kasernengelände herum nach Maising. Hier lohnt der kleine Abstecher zum Maisinger See

Einkehren am Weg
Maising: Seehof;
Andechs: Klosterbräustüberl,
Klostergasthof;
Starnberg: Seerestaurant
Undosa.

(1 km). Unsere Route verläuft weiter nordwärts nach Perchting und dort nach links neben der Fahrstraße nach Landstetten und durch den Rothenfelder Forst nach Erling. Die Andechser Straße führt uns nun zum Klosterberg hinauf. Auf dem Rückweg fahren wir zum östlichen Ortsende zurück, nehmen dann aber die Machtlfinger Straße nach rechts, bleiben weiter auf dieser Straße und kommen über Traubing nach Feldafing. Von hier geht es hinunter nach Possenhofen und am See entlang zum Ausgangspunkt zurück.

Sehenswert (s. a. Tipps 22, 23, 26, 31)

Die 300-Jahr-Feier des **Benediktinerklosters Andechs** 1755 war der Anlass zur Neugestaltung der mehrfach umgebauten alten gotischen Kirche aus dem 15. Jahrhundert (1675 war sie nach einem Brand erneuert worden). Abt Bernhard Schütz beauftragte 1751 den Münchner Maler und Stuckateur Johann Baptist Zimmermann, den Bruder des Erbauers der Wieskirche, Dominikus Zimmermann, mit der Ausführung. Zimmermann, schon 75 Jahre alt, wurde unterstützt von seinem Sohn, von Johann Georg Übelher und Josef Marian. Die Neugestaltung wird sein reifstes Werk. Die Struktur der dreischiffigen gotischen Hallenkirche blieb im wesentlichen erhalten. Zimmermann löste die Kanten und Geraden des Bauwerks auf und überzog die Kirche mit einer formenreichen und farbenprächtigen Rokokodekoration und hellbunten, leuchtenden Deckengemälden. Er entwarf den Hochaltar (mit dem Gnadenbild der thronenden Muttergottes aus dem 15. Jahrhundert im unteren Teil und dem oberen Gnadenbild von 1609). Die flankierenden und krönenden Figuren des Altars und der Emporenbrüstung schuf der Weilheimer Franz Xaver Schmädl. Johann Baptist Straub gestaltete die Nikolaus- und Elisabeth-Statuen, zwei Anbetungsengel am unteren Hochaltar und die vier Seitenaltäre.

Zur Aussichtskanzel über dem See

Der Ausblick von der Ilkahöhe zieht Maler und Fotografen an

Abfahrt ab München alle 20/40 Minuten.

Fahrzeit: 48 Minuten.

Fahrpreis: 3 Zonen/ 6 Streifen.

Rückfahrt: S6 ab Tutzing.

Route: Deixlfurter See – Ilkahöhe- Unterzeismering.

Weglänge: 10 km.

Anspruch: Eine kurze Radel-strecke, die es aber in sich hat. Es geht ordentlich steil hinauf zur Ilkahöhe. Oben gibt es den schönsten Blick auf den Starnberger See und bei klarer Sicht auch bis zum Hochgebirge.

Der Brotfisch der Fischer am Starnberger See (bei ihnen heißt er wie einst nur Würmsee) ist die Renke. Ebenso häufig geht ihnen aber auch der grätenreiche Weißfisch ins Netz, der als minder-wertig gilt und nur zum Einlegen taugt. Beliebt, aber recht rar sind Saibling und Aal, noch seltener gehen den Fischern Hecht und Zander ins Netz.

Die Radltour

Wir radeln auf der Bahnhofstraße nach Nor-den, dann links unter der Bahn hindurch und wieder rechts weiter auf der Heinrich-Vogel-Straße bis zur Traubinger Straße, der wir nun in nördlicher Richtung aus dem Ort hinaus fol-gen. Am Waldstück biegen wir nach links ein,

Einkehren am Weg
Oberzeismering: Forsthaus Ilkahöhe;
Unterzeismering: Bauerngirgl;
Tutzing: Andechser Hof.

Seeblick der Superlative – auf der Ilkahöhe bei Tutzing.

passieren die Weiher (Rüdiger Weiher, Deixlfurter See, Clenzeweiher) und erreichen die geteerte Kustermannstraße. Wir fahren kurzes Stück nach rechts, biegen dann nach links ein (Bavariastraße), überqueren die Monatshauser Straße und kommen zum Gut Oberzeismering. Vor dem Gut geht es rechts hinauf zur Ilkahöhe (den Weg auf der Kammhöhe kann man nur zu Fuß machen). Zur Rückfahrt nehmen wir die Forststraße auf der Südseite von Gut Oberzeismering nach Südwesten, biegen dann nach links auf die Fahrstraße (Lindemannstraße) ein, die uns nach Tutzing zurückbringt. Auf dem Kellerweg links hinter der Bahnunterführung kommen wir wieder zum S-Bahnhof.

Wissenswert

Die Anhöhe oberhalb von Oberzeismering, 728 Meter über dem Meer und knapp 150 Meter über dem See, von der man eine prächtige Aussicht über den Starnberger See und auf die Berge vom Wendelstein bis zum Grünten genießen kann, trägt zu Ehren der Erbin des letzten Grafen von Vieregg (gest. 1866), der Fürstin Ilka von Wrede, geborene Gräfin Vieregg, den Namen Ilkahöhe. Der Rundtempel, der zum Andenken an den Nachbesitzer des Tutzinger Schlosses, den Stuttgarter Verleger Eduard Hallberger (gestorben 1880), errichtet wurde, ist seit langem bis auf die Grundmauern abgetragen.
Kurz bevor man von Norden nach Tutzing kommt, in Garatshausen, führt eine schmale Straße zum See hinunter. Sie heißt Hans-Albers-Straße und ist nach dem „blonden Hans", dem Filmschauspieler, benannt, den man gern mit Hamburger Heimatflair, Seemannsromantik und Schwärmerei von der großen Welt in Verbindung bringt. Gewohnt hat er aber hier, am Ende der kleinen Straße in Garatshausen in einer schönen Villa. Zu sehen bekommt man die nur schwer. Hecken, hohe Bäume und ein Tor verwehren den Einblick. Heute residiert hier die Bayerische Landesanstalt für Fischerei.

Zum „Heiligen Berg" der Münchner

Die bedeutende Wallfahrt ist auch durch ihr Bier berühmt

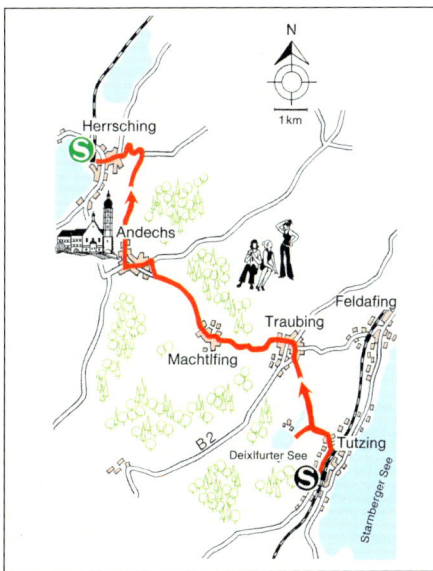

Abfahrt ab München
alle 20/40 Minuten.

Fahrzeit: 48 Minuten.

Fahrpreis: 3 Zonen/
6 Streifen.

Rückfahrt: S6 ab Tutzing.

Route: Traubing – Machtlfing
– Andechs – Herrsching.

Weglänge: 15 km.

Anspruch: Reizvolle Moos-
und Waldgebiete erwarten
uns auf dieser nicht allzu
langen Tour, die aber mit
steilen Bergaufstrecken
und auch mit starkem Ge-
fälle aufwartet.

„Meine Adresse ist Tutzing am Starnberger See,
und das ist eine sehr schöne Adresse", schrieb
der Komponist Johannes Brahms 1873 an seinen Verleger Simrock. Während seines Aufent-
halts im Luftkurort Tutzing entstanden wichtige
Werke, darunter die „Variationen über ein Thema von Haydn", Streichquartette und Lieder.
Tutzing ehrte den großen Musiker mit einer
Gedenktafel an der Seepromenade.

Die Radltour

Wir radeln auf der Bahnhofstraße nach Norden, dann links unter der Bahn hindurch und
wieder rechts weiter auf der Heinrich-Vogel-
Straße bis zur Traubinger Straße, der wir nun in

Einkehren am Weg
Andechs: Klosterbräustüberl,
Klostergaststätte;
Traubing: Alter Wirt;
Herrsching: Seehof.

nördlicher Richtung aus dem Ort hinaus folgen. Vor Traubing überqueren wir die B 2, radeln durch den Ort nach Westen, auf der Andechser Straße nach Machtlfing und weiter nach Erling. Die Andechser Straße nach rechts bringt uns zum Klosterberg. Nach einer Rast fahren wir auf der Andechser Straße unterhalb des Klosters nach links weiter Richtung Widdersberg und Seefeld. Nach etwa dreieinhalb Kilometern biegen wir an der Kreuzung nach links auf die Schmidschneiderstraße, die mit starkem Gefälle nach Herrsching hinunterführt. Über die Luitpoldstraße und Bahnhofstraße kommen wir zum S-Bahnhof.

Sehenswert (s. a. Tipps 21, 24)

Die **Heilige Kapelle der Wallfahrtskirche Andechs** ist das Ziel aller Wallfahrer zum „Heiligen Berg". Sie ist der älteste Teil der Kirche (um 1400) und Aufbewahrungsort der Andechser „Heiltümer". Der Heilige Rasso, Ritter, Kreuzfahrer, Heerführer und Klostergründer (Grafrath) legte den Grundstock zum Andechser Reliquienschatz. Während der Ungarneinfälle brachte er die Kostbarkeiten in der Burg auf dem Andechser Berg in Sicherheit. Hier

*Anziehungspunkt
für Ausflügler: Die Herrschinger
Seepromenade.*

überdauerten sie an die dreihundert Jahre und wurden um viele Stücke vermehrt. Beim Aussterben der männlichen Linie der Andechser Grafen 1248 war der Schatz, vor allem die heiligen Hostien, verschollen. Erst 1388 wurde er wieder gefunden. Er war in der Burgkapelle vergraben worden. Man brachte die Reliquien in die herzogliche Hofkapelle nach München, wo sie in den Folgejahren Pilger in Legion – bis zu 60 000 täglich, schreibt Aventin – anzog. Zwischen 1420 und 1430 ließ dann Herzog Ernst von Baiern die Andechser Kirche für den Reliquienschatz errichten und begründete damit die Andechser Wallfahrt. Unter ihm erhielt der Ort den Namen „Heiliger Berg". Er war es auch, der hier ein Chorherrenstift ins Leben rief. Sein Sohn, Albrecht III; wandelte es 1455 in eine Benediktinerabtei um. Seit 1850 ist Andechs dank einer Schenkung Ludwigs I. Filialkloster von St. Bonifaz in München.
Die **Sammlung von Votivkerzen** im Wachsgewölbe unter der Orgelempore in der Andechser Klosterkirche ist die wohl umfangreichste und künstlerisch bedeutendste in Deutschland. Sie enthält an die 250 Stücke, von denen manche schon im 16. Jahrhundert gestiftet wurden.

Zur Wallfahrt Maria im Heuwinkl

Die Osterseen bezaubern durch ihre landschaftliche Schönheit

Abfahrt ab München
alle 20/40 Minuten.

Fahrzeit: 48 Minuten.

Fahrpreis: 3 Zonen/
6 Streifen.

Rückfahrt S6 ab Tutzing.

Route: Bernried – Seeseiten –
Seeshaupt – Gröben –
Iffeldorf – und zurück.

Weglänge: 58 km.

Anspruch: Eine lange Tour,
die einzigartig schöne Landschaften und herrliche Ausblicke bietet. Die Strecke ist
meist eben, nur hin und wieder geht es sanft bergauf und
bergab.

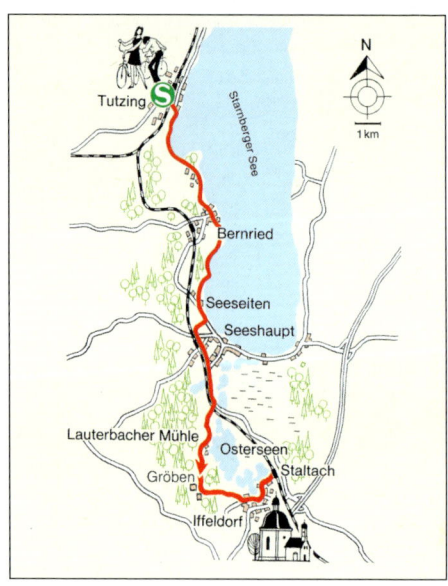

„Die Renke (salmo) gehört unstreitig unter die
gesündesten und schmackhaftesten Fische
Deutschlands. Sie wird in allen bayerischen
Seen, aber von der vortrefflichsten Art in dem
Würmsee getroffen, weshalb sich stets viele
Fischfreunde hier einfinden ... Wenn die Ren-
ken sogleich vom Fange weg mit Seewasser ge-
kocht werden, sind sie besonders schmackhaft.
In der Küche werden sie theils gebacken, theils
in Essig gesotten, und dann mit Essig und Oel
verspeist, auch bratet man sie auf dem Roste
und begießt sie mit Citronensaft. Desgleichen
werden sie geräuchert von vielen als große De-
licatesse genossen ..." So beschreibt A. Link im
Jahr 1879 die Renke des Würmsees.

Die Radltour

Vom Bahnhof fahren wir auf dem Kellerweg, der Pommernstraße und dem Gröberweg zur Hauptstraße. Hier biegen wir rechts ein, halten uns dann aber gleich wieder links und fahren auf dem Georg-Roth-Weg unterhalb des Jo-

Auch heute noch Wallfahrerziel: Die Kapelle Maria im Heuwinkl.

Einkehren am Weg

Bernried: Seerestaurant Marina;
Seeshaupt: Gartenrestaurant Seeseiten, d'Wirtschaft.

hannishügels und auf der Lindenallee nach Unterzeismering. Weiter geht es nach Süden auf dem Höhenrieder Weg, dann auf dem Radweg neben der Fahrstraße nach Höhenried und nach Bernried. Im Ort halten wir uns links, fahren am Kloster vorbei und auf dem Unteren Seeweg am Rande des Bernrieder Parks in Ufernähe zum Schloss Seeseiten. Wenig später erreichen wir die Fahrstraße, folgen ihr ein Stück nach links und biegen dann rechts in die Seeseitener Straße ein, überqueren die Bahnhofstraße und nehmen nun die Osterseenstraße zur Penzberger Straße. Wir fahren auf der Penzberger Straße nach rechts weiter, bis wir erneut rechts zur Lauterbacher Mühle einbiegen. Von hier geht es auf schmaler Teerstraße südwärts nach Gröben. Dort wenden wir uns nach links und kommen nach Iffeldorf. In Richtung Staltach erreichen wir die Wallfahrtskapelle Maria im Heuwinkl. Den Rückweg nehmen wir auf der Route des Herwegs.

Sehenswert

„Auf dem Heuwinkl ist eine Kapelle, wo die Himmelskönigin in einem wundertätigen Gnadenbilde oder Statur verehrt wird," heißt es in einer alten Chronik. Das Gnadenbild ist eine thronende Muttergottes, 1480 geschnitzt. Jahrhundertelang stand sie auf dem Hochaltar der Pfarrkirche von Iffeldorf, und jahrhundertelang berichteten die Leute von Wundern und Gnadenerweisungen, die von dem Bild ausgingen. Dann geriet es in Vergessenheit, bis es in einer Eiche am Weg nach Murnau ihren neuen Platz fand und neuerlich fromme Verehrer anzog. Ende des 17. Jahrhunderts entwickelte sich eine große **Wallfahrt zum Heuwinkl** nahe bei Iffeldorf, das zur Hofmark Wessobrunn gehörte. Und von dort kommt einer der berühmtesten Baumeister und Stuckateure, um dem Gnadenbild eine neue Kapelle zu errichten: Johann Schmuzer. 1701 wird die Wallfahrtskirche geweiht.

Durch das Bernrieder Filz

Eine Bier-Baronin schuf den Park auf Klostergrund

Abfahrt ab München alle 20/40 Minuten.

Fahrzeit: 48 Minuten.

Fahrpreis: 3 Zonen/ 6 Streifen.

Rückfahrt S6 ab Tutzing.

Route: Unterzeismering – Bernried – Bauerbach – Haunshofen – Kampberg.

Weglänge: 20 km.

Anspruch: Eine Rundfahrt mit lohnenden Aussichtspunkten. Wechselnde Landschaften ohne große Steigungen erwarten uns.

Das Gebiet zwischen Tutzing und Bernried ist ein einziger Naturpark, vor vielen tausend Jahren von Gletschern geformt und im Verlauf von Jahrhunderten von Menschen gestaltet.

Die Radltour

Am Bahnhof nehmen wir den Kellerweg nach Süden, fahren dann nach links auf der Pommernstraße und dem Gröberweg zur Hauptstraße, in die wir nach rechts einbiegen. Beim Kustermannpark halten wir uns links auf dem Georg-Roth-Weg unterhalb des Johannishügels, dann auf der Lindenallee und radeln an den Tennisanlagen vorbei nach Unterzeismering, dort weiter südwärts auf dem Höhenrie-

Einkehren am Weg

Unterzeismering: Bauerngirgl;
Bernried: Seerestaurant Marina; Gasthaus März;
Bauerbach: Gasthaus Steidl.

Auf romanischen Fundamenten erbaut ist die ehemalige Klosterkirche Bernried.

der Weg zur Bernrieder Straße. Hier bleiben wir auf dem Radweg auf der Ostseite und fahren am Klinikpark von Höhenried vorbei nach Bernried. Im Ort biegen wir an der großen Kreuzung nach rechts in die Weilheimer Straße ein und radeln nun abwechselnd durch freies Feld und kleine Waldstücke über Hapberg und Gut Unterholz nach Bauerbach und weiter nördwärts nach Haunshofen. In der Ortsmitte schwenken wir nach rechts und fahren auf der Bahnhofstraße nach Kampberg. Wir radeln durch den Ort, durch das Diemendorfer Moos und erreichen die Fahrstraße, der wir nun nach rechts nach Tutzing und zum S-Bahnhof zurück folgen.

Sehenswert

Das ehemalige **Kloster Bernried** wurde 1120 von Graf Otto von Valley (eine Nebenlinie des Hauses Wittelsbach-Scheyern) und seiner Frau Adelheid auf deren Meierhof als Augustinerchorherrenstift gegründet. Bis zur Säkularisation 1803 führten die Augustiner das dem Heiligen Martin von Tours geweihte Kloster weiter. Die Klosterkirche, heute Pfarrkirche, steht auf romanischen Fundamenten. Nach Zerstörung während des 30jährigen Krieges beginnt 1659 der Wiederaufbau (wohl unter dem Wessobrunner Caspar Feichtmayr. Die Großzügigkeit des Kurfürsten Ferdinand Maria erlaubte im 18. Jahrhundert eine Neugestaltung des Kircheninneren im Rokokostil. Der Hochaltar mit den Figuren der vier Kirchenväter wurde 1663 gestiftet. Das Altarblatt malte der Münchner Franz Kirzinger 1795.

Im Süden des Klosterhofes steht die ehemalige **Hofmarkkirche Mariä Himmelfahrt** (1382 geweiht). Das heutige barocke Erscheinungsbild erhielt sie im 17. und vor allem 18. Jahrhundert. Die Altäre stammen wohl von Tassilo Zöpf. Die Rosenkranzmadonna im Chorbogen entstand am Anfang des 16. Jahrhunderts. Die angefügte Wallfahrtskapelle von 1672 birgt im Hochaltar ein gotisches Gnadenbild.

Der Park der Biererbin

Nach der Enteignung 1803 wechselten die ehemaligen Stiftsgründe Bernried mehrfach den Eigentümer. 1852 kaufte Baron Wendland den ganzen Besitz. Einen Teil davon – Schloss und Park – erwarben 1914 Wilhelmina Bush-Scharrer und ihr Mann, Konsul August Scharrer. 1937 ließ Wilhelmina (nach dem Tod Scharrers wiederverheiratete Bush-Woods) Schloss Höhenried bauen; 1952 stiftete sie den Park am See südlich von Bernried der Öffentlichkeit.

Isarufertour im Münchner Süden

Wo die „alten Rittersleut'" hausten, ist jetzt ein Museum

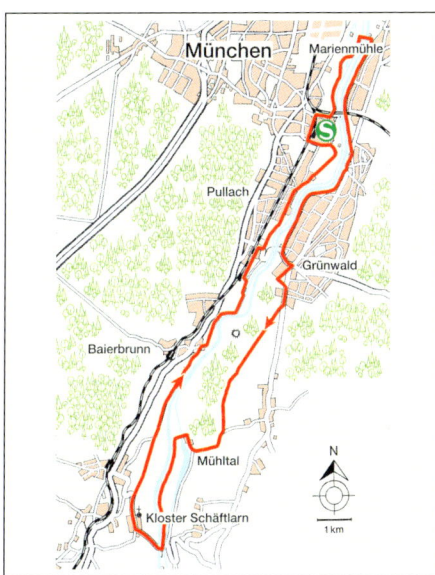

Abfahrt ab München
alle 20/40 Minuten.

Fahrzeit: 19 Minuten.

Fahrpreis: 1 Zone/
2 Streifen.

Rückfahrt S6 ab Großhess-
lohe.

Route: Marienmühle –
Grünwald – Mühltal –
Kloster Schäftlarn –
Baierbrunn – Pullach.

Weglänge: 37 Kilometer.
Anspruch: Eine beliebte
Route isarauf- und wieder
-abwärts mit einigen steilen
Steigungen zum Hochufer
hinauf.

Der Name Isar kommt aus dem Keltischen (isa-ra) und bedeutet „die Reißende", „die Schnel-le". Sie ist auch heute kein friedliches Gewäs-ser, aber durch den Bau des Sylvensteinspei-chers, durch Stauwehre von Kraftwerken und die Isarkanäle wurde ihr die Wildheit genom-men und mancherorts auch soviel Wasser, dass sie zum Rinnsal verkümmerte. Für die Region München ist sie nach wie vor eine der wichtig-sten Lebensadern. Der Einzugsbereich der Isar in Bayern umfasst mit knapp 8000 qkm etwa elf Prozent der Fläche des Freistaats, in dem fast ein Viertel seiner Bewohner leben. Der „Verdichtungsraum" München gehört sogar zu 98 Prozent zu ihrem Einzugsbereich. Hier ist

*„Da ha'm edle Ritter g'haust…"
– die Burg Grünwald.*

der Fluss Vorfluter, Energieträger, Trinkwasserreservoir, Kühlwasserspender und, zumindest im Sommer, auch nostalgisch-fröhlicher (Floß-) Transportweg. 283 km misst die Flussstrecke von der Quelle im Karwendel bis zur Donaumündung. Ihre liebenswerteste Funktion: Dank ihrer landschaftlichen Schönheit ist die Isar ein Erholungsparadies für Urlauber und Ausflügler.

Die Radltour

Vom Isartalbahnhof fahren wir zur Großhesseloher Brücke, auf deren Westseite ins Tal hinunter und auf der Conwentzstraße stadteinwärts am Werkkanal entlang durch den Hinterbrühler Park zur Marienklause. Dort fahren wir über die Isarbrücke und schieben das Rad den steilen Weg zum Hochufer hinauf. Von hier führt die Route über die waldige Hochleite nach Süden bis zur Nördlichen Münchner Straße. Etwas weiter südlich müssen wir hinunter ins Isartal (schieben). Etwa dreieinhalb Kilometer weiter südlich schieben wir das Rad wieder zum Hochufer hinauf zur Burg Grünwald und radeln zum Marktplatz. Von hier kommen wir nach rechts Auf der Eierwiese und

Einkehren am Weg
Grünwald: Alter Wirt, Zur Eierwies'n;
Mühltal: Zur Mühle;
Pullach: Rabenwirt;
Großhesselohe: Waldwirtschaft.

der Mauerbergstraße zur Tölzer Straße, folgen ihr ein Stück nach rechts und nehmen dann beim Waldfriedhof nach rechts den Mühlenweg in den Forst und nach Mühltal. Beim Kraftwerk fahren wir über die Brücke und bleiben nun neben dem Isarwerkkanal auf Südkurs, bis wir beim Bruckenfischer nach rechts zum Kloster schwenken. Von dort fahren wir ein Stück in Richtung Hohenschäftlarn, biegen in der Linkskehre nach rechts ab und bleiben nun nordwärts im Isartal. Vor der Schleuse Grünwald halten wir uns links, etwas später nochmals links zum Hochufer hinauf (schieben) und zur Straße oberhalb der Grünwalder Brücke. Dort biegen wir rechts in den Josef-Breher-Weg ein, fahren zum Pullacher Kirchplatz vor, dann rechts in die Heilmannstraße und nochmals rechts auf den Burgweg. An der Burg Schwaneck vorbei kommen wir nun zur Großhesseloher Waldwirtschaft und zum Isartalbahnhof zurück.

Sehenswert (s. a. Tipp 34)

Die mittelalterliche Anlage der **Burg Grünwald**, dereinst Sitz eines Andechser Adelsgeschlechts, kam 1272 in den Besitz der Wittelsbacher. Rund dreihundert Jahre lang nutzten die sie als Jagdstützpunkt, später auch als Staatsgefängnis und als Pulvermagazin. 1879 erwarb sie die Bildhauerfamilie Zeiller. Rund hundert Jahre später ist sie wieder Staatsbesitz und beherbergt seit 1979 ein Zweigmuseum der Prähistorischen Staatssammlung.

Das **Burgmuseum Grünwald** zeigt im Ostflügel die Vor- und Frühgeschichte der Grünwalder und Münchner Region, der Westflügel beherbergt ein römisches Lapidarium (lapis = Stein): Meilen-, Grab, Weihe- und Altarsteine, dazu eine römische Küche und eine originalgetreu nachgebildete Warmluftheizung. Außerdem gibt es im Westflügel jährlich wechselnde Sonderausstellungen. Vom Turm kann man die herrliche Aussicht auf München

Geistiges und leibliches Wohl liegen auch in Schäftlarn nahe beieinander.

Künstler am Fluss
Die Schönheit des Isartals hat auch früher schon Künstler in Scharen angezogen. Das Sommerfrischler-Gästebuch der Klosterwirtschaft Schäftlarn aus den Jahren 1880 bis 1904 führt 43 Maler, 3 Zeichner, 1 Kupferstecher, 1 Metallographen, 1 Lithographen und 2 Photographen auf. Auch Berühmte haben das Isartal als Sujet geschätzt: Landschaftsmaler wie Simon Warnberger, Sion Longley Wenban und August Seidel. Auch ein ganz Berühmter war gern dort: Lovis Corinth.

und das Isartal genießen und sich über die Burggeschichte informieren.

Die ursprünglich spätgotische **Pfarrkirche St. Peter und Paul in Baierbrunn** wurde 1709 weitgehend erneuert. Aus dieser Zeit stammt auch der Hochaltar mit den seitlichen Figuren von Petrus und Paulus. Das byzantinische Kreuz mit Maria und Johannes auf den Seitenteilen aus dem 16. Jahrhundert an der Südwand im Langhaus war lange in Ofen vergraben, 1745 wurde es den Münchner Kapuzinern übergeben, die es hierher brachten.

Die **Kirche Hl. Geist in Pullach**, ein schlichtes Langhaus vom Anfang des 16. Jahrhunderts birgt eine reiche Innenausstattung mit wertvollen Stücken aus dem 15. bis 17. Jahrhundert. An der Außenmauer findet sich eine kolossale Kreuzigungsgruppe mit Maria und Johannes (um 1500).

Wissenswert

Die **Burg Schwaneck in Pullach** verdankt ihre Entstehung dem Hang des Münchner Bildhauers Ludwig Schwanthaler zur Romantik. Schwanthaler, geboren 1802, 1844 geadelt, schuf u. a. die Bavaria vor der Ruhmeshalle auf der Theresienwiese. In den Jahren 1842–44 ließ er von Friedrich Gärtner eine Burg in mittelalterlichem Stil über dem Isartal errichten. Diese Burg ist heute Eigentum des Landkreises München und Jugendherberge des Kreisjugendringes, eine der beliebtesten in der Bundesrepublik (142 Übernachtungsplätze).

Das **Kloster Schäftlarn** zählt zu den Urklöstern Bayerns. Es geht zurück auf eine Schenkung des Priesters Walterich aus der Sippe der „Huosi" vom Jahr 762. Dieser überließ dem Bischof von Freising als Grundstock für eine Klostergründung seinen Besitz in Schäftlarn zusammen mit weiterem Grundbesitz in Deining und Epolding. Der Bischof ernannte Walterich zum ersten Abt von Schäftlarn.

Rundkurs im Forstenrieder Park

In Buchenhain lernen die Bergfexe das Klettern

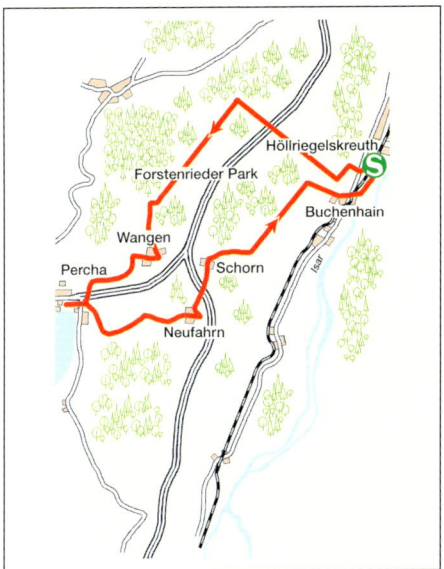

Abfahrt ab München
alle 20/40 Minuten.

Fahrzeit: 22 Minuten.

Fahrpreis: 1 Zone/2 Streifen.

Rückfahrt:
S7 ab Höllriegelskreuth.

Route: Forstenrieder Park –
Wangen – Percha – Neufahrn
– Schorn – Buchenhain.

Weglänge: 38 km.

Anspruch: Eine sonnige
Strecke durch den Forstenrieder Park abseits verkehrsrei-
cher Straßen. Es gibt einige
meist leichte Steigungen.

Eine im Voralpenland seltene Hinterlassen-
schaft aus der Eiszeit ist der Gletscherschliff.
Das Eis transportierte nicht nur Berge von
Schotter, sondern hinterließ auch auf hartem
Fels seine Schleifspuren: parallele Riefen in der
Fließrichtung des Eises auf dem Steinunter-
grund. Am nordöstlichen Zipfel des Starnberger Sees kann man solche geologischen Zeugnisse sehen.

Die Radltour

Vom S-Bahnhof fahren wir zur Dr.-Carl-von-
Linde-Straße (nach Norden), biegen dort links
ein, fahren an der Wolfratshauser Straße erneut
links, überqueren an ihrem Ende die B 11 und

Einkehren am Weg
Percha: Brückenwirt;
Wangen: Gasthof Holzeder.

Im Nagelfluh-Klettergarten bei Buchenhain.

Klettern lernt man an der Isar
Die Griffe sind schon blankgewetzt: Generationen von Bergfexen lernen seit Jahrzehnten im Klettergarten am steilen Isarhochufer bei Buchenhain über dem Georgenstein sicheren Griff und festen Tritt.

Pirsch im Park
Die Jagden der bayerischen Fürsten im Forstenrieder Park waren nicht so aufwändig und grausam wie die Hetz- und Treibjagden am Starnberger See und am Ammersee, bei denen das Wild ins Wasser getrieben und vom Floß aus hingemetzelt wurde. Aber auch hier wurden in den Jahrhunderten zwischen 1399 und 1912 Strecken mit bis zu 200 Wildschweinen gefeiert. Kaiser Maximilian ging hier 1510 auf die Pirsch, Napoleon im Januar 1806.

fahren nun in nordwestlicher Richtung in den Forstenrieder Park. Unsere Forstwege ab hier: Carolinengeräumt links, Ludwig-Geräumt rechts, weiter unter der Autobahn hindurch, Max-Joseph-Geräumt links, an dessen Ende rechts und nach etwa 250 Metern wieder links auf der Buchendorfer Straße nach Wangen. Durch den Ort geht es auf der Angerstraße und der Wildmoosstraße (nach rechts). Etwa einen Kilometer weiter biegen wir nach links auf den Feld- und Waldweg nach Heimathshausen ein. Hier unterqueren wir die Autobahn. Wir verlassen Percha an der Kreuzung hinter der Autobahn nach links über die Buchhofstraße und die Harkirchner Straße, nehmen dann links die Selchastraße und radeln durch den Forst nach Neufahrn. Hier fahren wir auf der Starnberger Straße ein Stück in Richtung Wangen, biegen aber gleich nach rechts auf den Feldweg zur Autobahn und weiter nach Schorn ein. Auf dem Schorner Weg geht es weiter nach Osten, dann nach links auf dem Augusten-Geräumt in nordöstliche Richtung, beim Ludwig-Geräumt wieder nach rechts südostwärts nach Buchenhain. Wir überqueren die B 11, kommen zum S-Bahnhof Buchenhain (Möglichkeit der Rückfahrt) und auf der Zugspitzstraße nach Höllriegelskreuth.

Sehenswert

Die Kirche **St. Valentin in Percha** stammt aus dem Ende des 15. Jahrhunderts. Sie enthält Gemälde aus dem 16. Jahrhundert. Bemerkenswert das Glasgemälde im Fenster der Südseite, eine Anna Selbdritt mit dem Stifter der Kirche, Abt Leonhard Schmid von Schäftlarn von 1493. Auch die **Kirche St. Ulrich in Wangen** aus dem 18. Jahrhundert, sie erhielt 1908 einen neuen Turm, birgt Bilder und Figuren aus früher Zeit: Die Holzfiguren der hl. Nikolaus und Ottilie am südlichen Seitenaltar entstanden um 1500, die am nördlichen Seitenaltar Anfang des 16. Jahrhunderts.

Vom Isartal zum Starnberger See

Blickfang im weiten Land ist der Aufkirchner Glockenturm

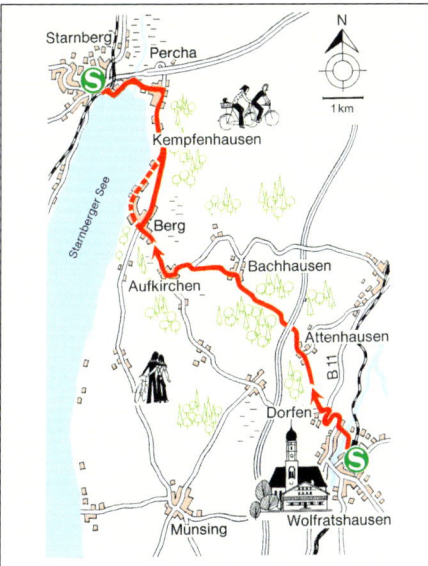

Abfahrt ab München alle 20/40 Minuten.

Fahrzeit: 44 Minuten.

Fahrpreis: 3 Zonen/ 6 Streifen.

Rückfahrt: S6 ab Starnberg (Fahrpreis: 2 Zonen/ 4 Streifen).

Route: Dorfen – Attenhausen – Bachhausen – Aufkirchen – Berg.

Weglänge: 15 km

Anspruch: Eine schöne Tour durch das Moränenland im Münchner Süden. Es geht kräftig, teils steil bergauf und bergab. Wald, Mooslandschaft und Bauernland wechseln sich ab.

Am Ende des Mittelalters pilgerten so viele Gläubige nach Aufkirchen, dass die kleine alte Holzkapelle nicht mehr ausreichte. Darum ließen die Herzöge Albrecht IV. und Sigismund einen Neubau errichten. Die Standortbestimmung überließ man einem mit Tuffstein beladenen Ochsenfuhrwerk: Wo die führerlosen Tiere stehenblieben, sollte gebaut werden. Die Tiere hielten genau an der Stelle der alten Kapelle.

Die Radltour

Auf der Bahnhofstraße fahren wir in die Stadtmitte, überqueren die Loisach und fahren dann über den Untermarkt nach Norden. Von Weidach nach Dorfen geht es steil hinauf über die

Einkehren am Weg
Aufkirchen: Zur Post;
Percha: Brückenwirt.

Serpentinen des „Tatzelwurm". An der Straßengabelung halten wir uns links nach Dorfen, fahren an der Kirche vorbei, halten uns dann rechts und haben noch ein Stück bergauf auf der Attenhauser Straße vor uns. Kurz hinter Attenhausen radeln wir unter der Autobahn hindurch in nordwestliche Richtung nach Bachhausen und weiter westwärts nach Aufkirchen mit der weithin sichtbaren Pfarr- und Wallfahrtskirche Maria Himmelfahrt. Auf der Marienstraße (nach rechts bergab) fahren wir nach Berg und weiter rechts nordwärts (Radweg) nach Percha. Dort halten wir uns immer links, überqueren die Würm auf dem Radweg neben der Münchner Straße (B 2) und kommen, immer links in Seenähe bleibend, am Schwimmbad und Yachtclub vorbei über die Seepromenade zum S-Bahnhof.

Sehenswert (s. a. Tipps 22, 23, 24)

Die **Pfarr- und Wallfahrtskirche Maria Himmelfahrt in Aufkirchen** beherrscht mit ihrem barocken Spitzhelmturm das nördliche Ostufer des Starnberger Sees. Die Kirche wurde um

1500 geweiht und 1626 nach einem Brand erneuert. Die großräumige Halle gilt als eine der einheitlichsten spätgotischen Bauten im Umland. Aufkirchen ist eine der bedeutendsten, schon im 15. Jahrhundert bezeugten Wallfahrten. Das Gnadenbild, eine kräftige, bäuerliche Madonna, überschaut vom südlichen Chorbogen den Kirchenraum. Die Maria-Trost-Kapelle an der Vorhalle wurde 1706 ausgebaut.

Noch aus romanischer Zeit stammt die kleine **Kirche St. Johann Baptist in Berg**. Sie ist eine beliebte Taufkirche der Starnberger Region. Wertvollster Besitz ist die eindrucksvolle Figurengruppe des Marientodes mit zehn Aposteln aus dem Anfang des 16. Jahrhunderts. Der Altar mit den Figuren der heiligen Monika und der heiligen Magdalena stammt aus dem 17. Jahrhundert.

Am Ende des 15. Jahrhunderts wurde die gotische **St.-Valentins-Kirche in Percha** an der Stelle älterer Vorgängerkirchen erbaut. Sie birgt gute Figuren und Gemälde der Barockzeit, darunter die Darstellung der Marter des heiligen Achatius.

Tourziel Starnberg: Blick über den See auf die Berge.

Rundkurs durch Moränenlandschaft

Ein Fresko erzählt vom Schicksal des Dorfes Thankirchen

Abfahrt ab München
alle 20/40 Minuten.

Fahrzeit: 44 Minuten.

Fahrpreis: 3 Zonen/
6 Streifen.

Rückfahrt:
S7 ab Wolfratshausen.

Route: Geretsried – Einöd –
Bairawies – Dietramszell –
Ascholding.

Weglänge: 30 km.

Anspruch: Eine abwechslungsreiche Tour durch die
oberbayerische Moränen-
landschaft mit zahlreichen
Bergaufstrecken, die schöne
Ausblicke ins Land öffnet
und viel Sehenswertes
bereithält.

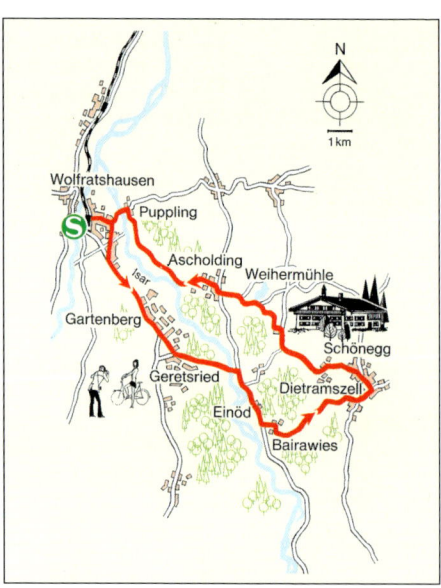

Kurz vor Kriegsende, im Mai 1945, hatte sich
eine deutsche Rückzugsnachhut in Thankirchen eingenistet: Daraufhin nahmen acht ame-
rikanische Panzer das Dorf unter Beschuss und
legten es fast vollständig in Schutt und Asche.
Verletzt wurde dabei niemand, die Bewohner
hatten sich in einen nahegelegenen Stollen ge-
flüchtet und bauten das Dorf wieder auf.

Die Radltour

Vom Bahnhof radeln wir zur Sauerlacher
Straße vor, überqueren links die Gleise und
biegen sofort rechts in den Radweg entlang der
Gleise ein, der uns zunächst durch einen kurzen Tunnel und dann immer geradeaus direkt

nach Geretsried führt, das wir hinter Garten-
berg erreichen. An der Tattenkofener Straße
fahren wir nach links zur Isar, über die Brücke
und dann rechts nach Einöd und weiter nach
Süden. In Bairawies biegen wir links auf den
Bierhäuslweg ein, fahren dann rechts auf der
Dorfstraße und wieder links aus dem Ort hinaus in östlicher, am Wald dann nordöstlicher
Richtung über Leismühl nach Dietramszell.
Beim Kloster halten wir uns links, nehmen die
Münchner Straße, dann nochmals links die
Wolfratshauser Straße aus dem Ort hinaus.
Nach links zweigt unser Weg zum Dorf Than-
kirchen auf der Höhe ab. Dort fahren wir
rechts und wieder links auf die Fahrstraße
zurück und kommen nun über Humbach, Em-
merkofen (hier links) und Weihermühle nach
Ascholding. Von hier geht es weiter in nordwestlicher Richtung auf einer längeren Wald-
strecke nach Puppling und zum S-Bahnhof
Wolfratshausen zurück.

*Auf der Loisachbrücke
in Wolfratshausen.*

Sehenswert

Die Pfarrkirche **St. Andreas in Wolfratshausen**
wurde nach der Zerstörung durch die Schweden im 30jährigen Krieg (1632) wieder errichtet. Sie ist eine dreischiffige Hallenkirche mit
einem schlanken Turm mit Zwiebelhaube an
der Südseite. Die barocke Ausstattung schufen
einheimische Künstler. Der Hochaltar von
1661 ist eine Arbeit des Kistlers (Kunstschrei-
ners und Intarsienkünstlers) Lukas Herle. Das
Altargemälde zeigt die Kreuzigung des heiligen Andreas. Die Kanzel, die Ölgemälde an
den Brüstungen der Westempore (von Kaspar
Albrecht) und die Apostelfiguren auf Konsolen
an den Wänden stammen aus dem Jahr 1680.
In **Thankirchen** berichtet ein weiteres Fassa-
dengemälde von einer anderen Episode im
Dorf: Hier hatte sich um 1640 der Propst von
Dietramszell einquartiert, nachdem sein Kloster 1636 durch schwedische Soldateska zerstört worden war.

> **Einkehren am Weg**
> **Einöd:** Gasthof Beham;
> **Dietramszell:** Schloss-
> schänke,
> **Ascholding:** Holzwirt;
> **Puppling:** Aujäger, Pupplin-
> ger Gasthaus.

Zum Kloster Beuerberg

Anmutig und hell wünschte der Propst die Stiftskirche

Abfahrt ab München
alle 20/40 Minuten.

Fahrzeit: 44 Minuten.

Fahrpreis: 3 Zonen/
6 Streifen.

Rückfahrt:
S7 ab Wolfratshausen.

Route: Gelting – Oberherrnhausen – Beuerberg – Eurasburg – Achmühle.

Weglänge: 20 Kilometer.

Anspruch: Ein Ausflug durch das Loisachtal auf Teerstraßen ohne allzugroße Steigungen, bei dem sich vielfach schöne Aussichten ins Land bieten.

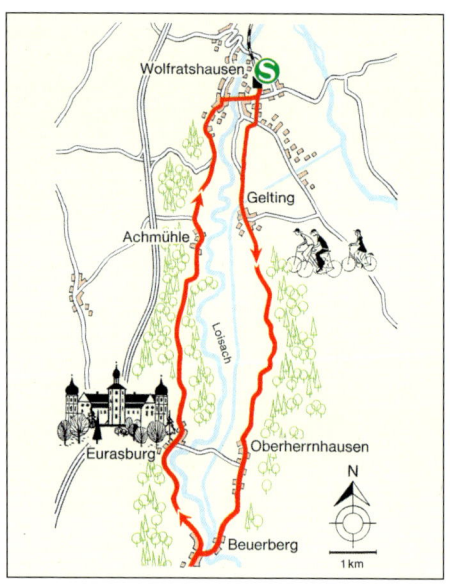

Weniger die herrliche als vielmehr die strategisch günstige, alles überschauende Lage auf der westlichen Höhe über dem breiten Loisachtal dürfte die Iringer voreinst bewogen haben, im heutigen Eurasburg (Iringesburg) einen befestigten Sitz zu errichten. Ende des 14. Jahrhunderts starb das Geschlecht der Iringer aus.

Die Radltour

Am Busbahnhof entlang fahren wir zur Sauerlacher Straße und dort stadteinwärts. Vor der Loisachbrücke biegen wir links in die Königsdorfer Straße ein und wenig später nach rechts in die Geltinger Straße. In Gelting halten wir uns weiter südwärts. Auf der Herrnhauser Straße kommen

Einkehren am Weg
Gelting: Zum alten Wirt, Neuwirt;
Beuerberg: Zur Mühle.

wir nach Unter- und bergauf nach Oberherrnhausen. Von hier geht es weiter nach Süden, hinunter ins Loisachtal und nach Beuerberg. Am
Ortsrand überqueren wir den Fluss und fahren
auf der Herrnhauser Straße ins Dorf und zum
Kloster. Von hier wenden wir uns wieder nach
Norden auf der Wolfratshauser Straße, die uns
nach Eurasburg (ein lohnender Abstecher führt
steil bergauf zum Schloss und zur Aussichtshöhe
oberhalb des Schlosses). Die Route führt im Tal
weiter über Achmühle nach Wolfratshausen.

Sehenswert

Das **ehemalige Augustiner-Chorherrenstift
Beuerberg** geht auf eine Klostergründung Ottos von Iringesburg (Eurasburg) um 1120
zurück. Seit 1560 wurde die Kirche des Klosters erneuert. Zum heutigen Erscheinungsbild
führten Umbauten seit 1626. Beuerberg gilt
als eine wichtige, vorbildlich wirkende Wandpfeilerkirche des bayerischen Frühbarock –
nach dem Willen des Propstes sollte die „nach
der Weise der Alten dunkle Kirche anmutig
und hell" werden. Kurfürst Maximilian I.
schickte seinen Hofbaumeister Hans Krumpper. Der entwarf die Pläne für den Neubau
von 1630. 1635 erfolgte die Weihe. Besonders
beeindruckend ist das Innere durch den Ge-
gensatz zwischen dem Weiß der Stuckdekoration und der üppigen Farbenpracht der Altäre.
Der Hochaltar mit dem Gemälde der Kreuz-
abnahme von Elias Greither d. Ä. entstand
1635. Aus dieser Zeit stammen auch die vier
westlichen Seitenaltäre. Durch die Säkularisation wurde aus der Klosterkirche 1803 eine
Pfarrkirche.

Schloss Eurasburg, ein ansehnlicher Renais-
sancebau, wurde zwischen 1626 und 1630 im
Auftrag Herzog Albrechts von Peter Candid unterhalb der alten Burg errichtet.
1976 brannte es vollständig aus. Seit 1978 ist
es wieder instand gesetzt und in Eigentumswohnungen aufgeteilt.

*Einst Augustinerchorherrenstift:
Kloster Beuerberg.*

Durch die Pupplinger Au

Schäftlarn zählt zu den schönsten Barockkirchen Bayerns

Abfahrt ab München
alle 20/40 Minuten.

Fahrzeit: 44 Minuten.

Fahrpreis: 3 Zonen/
6 Streifen.

Rückfahrt:
S7 ab Wolfratshausen.

Route: Puppling – Aumühle –
Schäftlarn – Ebenhausen –
Attenhausen – Dorfen.

Weglänge: 30 Kilometer

Anspruch: Eine reizvolle
Fahrt durch das Naturschutz-
gebiet am Zusammenfluss
von Isar und Loisach und
über das Hochufer im We-
sten, die uns viele lohnende
Ausblicke erleben lässt. Nach
Ebenhausen muß das Rad
den steilen Isarhang hinauf-
geschoben werden.

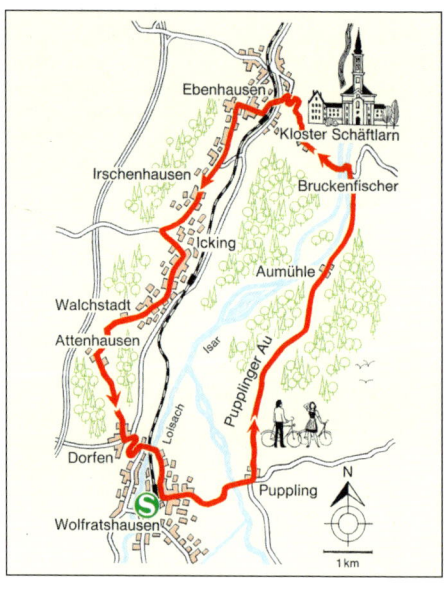

Die Pupplinger Au ist der Rest einer ursprünglich sehr viel größeren Wildflusslandschaft mit
alpiner Flora, die Isar und Loisach, die hier zusammenfließen, als Samen aus dem Bergen
mitbrachten. Das Gebiet steht unter strengem
Naturschutz. Als Erholungsgebiet ist es bei
Sonnenanbetern, Wanderern und Radlern glei-
chermaßen beliebt.

Die Radltour

Vom Bahnhof fahren wir zur Sauerlacher
Straße vor und auf dieser nach links an
St. Nantwein vorbei, über die Isar und nach
Puppling. Hier biegen wir links in die Pupp-
linger Au ein, bleiben an der Weggabelung rechts

und radeln nun immer nordwärts auf Teerstraße nach Aumühle und am Isarkanal entlang
weiter nach Dürnstein. Beim Bruckenfischer
fahren wir links über die Isarbrücke und kommen zum Kloster Schäftlarn. Nun mäßig steil
in Serpentinen hinauf nach Ebenhausen und
links in die B 11 einbiegen, der wir auf dem
Radweg bis zum Ortsende von Ebenhausen
folgen. Dort biegen wir rechts auf der Alpen-
blickstraße und wieder links auf der Zeller
Straße und dem Zeller Weg nach Irschenhau-
sen. Wir durchqueren den Ort und biegen am
südlichen Ortsrand in die Ulrichstraße nach
links ein, die uns nach Icking bringt. Von hier
radeln wir auf der Ludwig-Dürr-Straße nach
Süden, dann auf der Walchstadter Straße nach
rechts weiter und wieder in Südrichtung nach
Attenhausen und Dorfen. Das letzte Stück geht
nun mit starkem Gefälle in Serpentinen das
Hochufer hinunter nach Wolfratshausen.

> **Einkehren am Weg**
> **Puppling:** Aujäger,
> Pupplinger Gasthof;
> **Aumühle:** Gaststätte
> Aumühle;
> **Dürnstein:** Bruckenfischer;
> **Schäftlarn:** Klosterbräu-
> stüberl;
> **Ebenhausen:** Zur Post;
> **Wolfratshausen:** Humplbräu.

Sehenswert (s. a. Tipp 29)

Die **Kirche St. Nantwein** auf dem Friedhof im
gleichnamigen Ortsteil von Wolfratshausen
geht auf die Wallfahrt des heiligen Nantwein

*Juwel im Isartal:
Kloster Schäftlarn.*

Als Rompilger zu Tode gemartert: Nantovinus. St. Nantwein trägt seinen Namen.

Kurze Klostergeschichte Schäftlarns

Die erste Gründung, das Benediktinerkloster St. Dionys des Walterich (s. Tipp 29), erlischt im 10. Jahrhundert. Bischof Otto von Freising erneuert um 1140 das Kloster nach der Regel der Prämonstratenser. Dies Kloster bestand bis 1598 als Propstei, danach als Abtei, bis zur Säkularisation 1803: Aus den Klostergebäuden wird eine Fabrikanlage. 1845 kaufen die Englischen Fräulein die Gebäude. 1866 errichtet König Ludwig I. Schäftlarn als selbständiges Benediktinerpriorat. Die Benediktiner unterhalten heute in Schäftlarn neben dem Gutshof, zu dem auch die Gastwirtschaft mit Biergarten gehört, ein humanistisches Gymnasium.

zurück. Der Rompilger Conradus Nantovinus soll dort 1286 vom herzoglichen Richter zu Tode gemartert worden sein. Er wird schon einige Jahre später als Heiliger verehrt. Im späten Mittelalter verliert sich der Kult, lebt aber seit 1604 wieder auf: Seine Reliquien wurden wieder aufgefunden (aus der in Silber gefassten Hirnschale wurde den Pilgern der Meßwein gespendet; sie ist seit 1927 im Münchner Stadtmuseum). 1624 entsteht die Kirche unter Benutzung eines spätgotischen Baus auf Tuffstein. Die reizvolle Ausstattung stammt aus der Erbauerzeit.

Die **Klosterkirche Schäftlarn** ist eine Spitzenleistung des bayerischen Barock. Nach den Autoren Dehio/Gall steht sie in ihrer vornehmheiteren Kühle der Stimmung trotz allen Aufwands den höfischen Residenzen näher als andere Klosterkirchen im bäuerlichen Umland. Die Innenausstattung wurde erst 1770, zehn Jahre nach der Weihe, fertiggestellt. Die Stuckarbeiten, in lockerer Aufteilung ohne figürliche Darstellungen in Weiß und Gold gehalten, sind ein Alterswerk des großen Johann Baptist Zimmermann von 1754-56, damals bereits 74 Jahre alt. Er schuf auch die Fresken mit dem Hauptmotiv der Klostergründung durch Bischof Otto von Freising an der Decke des Langhauses. Die Altäre gestaltete Johann Baptist Straub, sie sind sein reifstes Werk. Der Hochaltar trägt seitlich die überlebensgroßen Figuren der Kirchenpatrone, des heiligen Dionys und der heiligen Juliana. Die Gemälde des Hochaltars (Himmelfahrt Mariä) und der beiden Seitenaltäre im Hauptraum stammen von Balthasar Albrecht (1755/1764). Die reich geschmückte Kanzel mit dem Relief des Fischzugs Petri und Figuren Moses und Paulus ist ebenfalls von Straub.

Die **Dreifaltigkeitskirche** auf dem Wolfratshauser Kalvarienberg wurde 1715 erbaut. Sie ist eine Stiftung des Bürgermeisters Lang. Er erfüllte damit sein Gelübde, für die Beendigung des Spanischen Erbfolgekrieges eine Kirche zu bauen.

Wissenswert

Die Baugeschichte der ehemaligen **Schäftlarner Klosterkirche St. Dionys und Juliana** setzt 1702 ein. Nach den Plänen des Münchner Hofbaumeisters Giovanni Antonio Viscardi beginnt der Neubau des Klosters, 1707 ist er fertiggestellt. Drei Jahre später stürzt der Kirchturm ein. Zwei Jahre dauert seine Erneuerung. 1733 wird der Neubau der Kirche in Angriff genommen. Architekt ist der Münchner Hofbaumeister François Cuvilliés, der auch die Amalienburg und das Alte Residenztheater in München baut. Der spanische (österreichische) Erbfolgekrieg zwingt zu einer Bauunterbrechung. Erst 1751 kann weitergebaut werden.

Wo Isar und Loisach zusammenfließen – die Pupplinger Au.

Die Leitung hat jetzt Johann Baptist Gunetsrhainer, der dabei wohl von seinem Schwager, dem berühmten Johann Michael Fischer, beeinflusst wird. Gunetsrhainer ändert die „zu weitsichtigen" Pläne Cuvilliés' (das geplante Querschiff entfällt) und vollendet das Werk. 1757 ist der Rohbau fertig, 1760 wird die Kirche geweiht.

Der **Flößerei auf der Isar** verdankten einst ganze Ortschaften ihren Wohlstand. Holz aus dem Oberland, zu Flößen zusammengeklammert, schwamm nicht nur nach München, sondern weiter nach Wien und sogar nach Budapest. Handelsgut war nicht nur das Holz, sondern auch Produkte aus dem Oberland. Über 700 Jahre war die Flößerei das Hauptgewerbe des Marktes Wolfratshausen. So erhob der Zoll des Marktes schon im Jahr 1555 von 1400 Flößen die Passagegebühr. Als 1891 die Isartalbahn den Ort erreichte, war es mit der Flößerei vorbei. Die Schiene erwies sich als günstigerer Transportweg. Als fröhliche Freizeitgaudi lebt die Floßfahrt auf der Isar allerdings alljährlich von Mai bis September fort. Gestartet wird in Wolfratshausen. Gut einen halben Tag dauert die Fahrt, die begleitet ist von Musik, Lärm und Ausgelassenheit. Sie endet in Münchens Süden, an der Floßlände in Thalkirchen.

Zum Bauernhofmuseum Sixthof

Zwei Ettenhofer-Barock-Bauwerke liegen am Weg

Abfahrt ab München
alle 20/40 Minuten.

Fahrzeit: 25 Minuten.

Fahrpreis: 2 Zonen/
4 Streifen.

Rückfahrt:
S1 ab Hohenbrunn.

Route: Kirchstockach –
Brunnthal – Hofolding –
Faistenhaar – Aying –
Siegertsbrunn –
Höhenkirchen.

Weglänge: 31 km.

Anspruch: Eine Fahrt durch
Wälder und Bauernland im
Münchner Süden ohne nen-
nenswerte Steigungen, über-
wiegend auf festen Feld- und
Waldwegen.

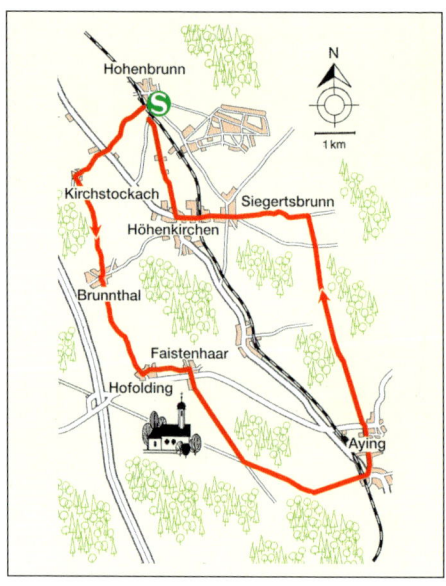

In Aying haben der Bräu Franz Inselkammer
und sein engagierter Braumeister in sachkun-
diger und kostspieliger Sammelleidenschaft
wahre Schätze für ein sehenswertes Heimat-
museum zusammengetragen: den Sixthof. In
dem seit mehr als hundert Jahren unveränder-
ten Bauernhaus sind vorzügliche Möbel und
Geräte zusammengetragen.

Die Radltour

Auf der Bahnhofstraße fahren wir zur Kirchstock-
acher Straße und folgen ihr nach rechts bis zur
vierspurigen Rosenheimer Landstraße, die wir
überqueren; gleich rechts in die parallele Straße.
Ein kurzes Stück weiter in die Waldstraße; wir

halten uns an der Haidstraße links und kommen nach Kirchstockach. Auf der St.-Georg-Straße fahren wir in Südrichtung nach Brunnthal und von dort weiter nach Hofolding. Vor der Kirche biegen wir links in die Höhenkirchener Straße ein, wenig später in die Fichtenstraße nach rechts, bleiben dann geradeaus und kommen auf der Tannenstraße nach Faistenhaar. Hier schwenken wir nach rechts auf die Hauptstraße ein. Am Ortsende nehmen wir nach links die Forststraße in den Hofoldinger Forst. Nach einem guten Kilometer geht es nach links auf der Römerstraße weiter, knapp zwei Kilometer weiter erneut nach links. Unsere Forststraße mündet in den Kronesterweg, der an der Fahrstraße am Rand von Aying endet. Ein kurzes Stück weiter rechts nehmen wir den Behamweg nach links in den Ort. Wir verlassen Aying auf der Münchner Straße, bleiben bei deren scharfem Linksknick geradeaus auf dem Siegertsbrunner Weg. An seiner Gabelung halten wir uns links und bleiben nun immer in Nordrichtung. Wir überqueren die Dürrnhaarer Straße, Fuchs- und Scheid-Geräumt, dann die Fahrstraße nach Siegertsbrunn bis wir beim Siegertsbrunner Geräumt nach links schwenken zum Ortsteil Höhenkirchen. An der Wächterhofstraße biegen wir rechts ein, überqueren die Luitpoldstraße und kommen – weiter geradeaus – auf der Höhenkirchener Straße zum S-Bahnhof Hohenbrunn zurück.

Eine Bauernstube wie vor 150 Jahren – im Sixthof ist sie zu sehen.

Sehenswert (s. a. Tipp 41)

Die **Kirche Heilig Kreuz in Hofolding** ist ein einheitlicher Bau aus dem Anfang des 18. Jahrhunderts, gebaut von dem Münchner Baumeister Johann Georg Ettenhofer. Die Deckenfresken schuf Joseph Graß 1779.

Ebenfalls von J. G. Ettenhofer ist die **Kirche St. Peter und Paul in Faistenhaar** (1735 geweiht). Die Altäre der Kirche stammen aus dem 17. und 18. Jahrhundert, zum Teil ausgestattet mit älteren Figuren aus dem 16. Jahrhundert.

> **Einkehren am Weg**
> **Faistenhaar:** Altwirt;
> **Aying:** Brauereigasthof, Liebhardt's Bräustüberl.

Ins tiefe Tal der Mangfall

Meisterwerke von Ignaz Günther sind Weyarns großer Schatz

Abfahrt ab München
alle 40/80 Minuten.

Fahrzeit: 43 Minuten.

Fahrpreis: 3 Zonen/
6 Streifen.

Rückfahrt:
S1 ab Kreuzstraße.

Route: Hohendilching –
Valley – Weyarn –
Sonderdilching – Grub.

Weglänge: 18 km.

Anspruch: Ordentlich
bergauf und bergab, auch
steil, geht es bei dieser Tour
mit besonders schönen
Ausblicken.

Drei junge Linden, ein Maibaum, ein Wegkreuz und eine Ruhebank markieren ein besonders schönes Fleckchen im Oberland. Von
hier hat man bei gutem Wetter einen wahrhaft
majestätischen Blick auf die Bergkette von den
Berchtesgadener bis zu den Allgäuer Bergen
und auf das hügelige Alpenvorland mit Mangfalltal, Weyarn und Taubenberg zum Greifen
nahe im Vordergrund. Die Aussichtshöhe beim
Weiler Standkirchen heißt Weyarner Lindl.

Die Radltour

Am Bahnhof überqueren wir nach rechts die
Gleise und müssen gleich die erste Steigung
den Biberg hinauf nehmen. Oben in der Kurve

fahren wir dann nach links und radeln am Ortsrand von Hohendilching entlang und nach Unterdarching. Hier biegen wir links ab
und erreichen bald das Schloss
Valley. Weiter geht es wieder in
Südrichtung. Bei der Maxlmühle
folgen wir der Querstraße nach
links, die uns wenig später unter
der hohen Autobahnbrücke hindurch hinunter ins Mangfalltal
und zur Weiglmühle führt. In
Mühlthal überqueren wir die
Mangfall und müssen nun wieder
zum Hochufer hinauf nach
Weyarn. Rechts haltend kommen
wir zum Kloster.

Zum Rückweg schlagen wir dann
Nordrichtung ein, unterqueren
die Autobahn bei der Anschluss-
stelle und radeln über Standkirchen und Fentbach nach Sonderdilching und Kleinhöhenkirchen.
Hinter dem Ort führt uns die
Straße durch den Wald wieder hinunter ins
Mangfalltal. Bei der Grubmühle geht es über
den Fluss und dann steil hinauf unter der Bahn
hindurch nach Grub. Hier halten wir uns links
und fahren nach Kreuzstraße zurück. Auf der
Miesbacher Straße nach links, kommen wir
zum S-Bahnhof.

Die Stiftskirche St. Peter und Paul in Weyarn.

Sehenswert

Das **ehemalige Kloster Weyarn**, hoch über
dem Mangfalltal gelegen, geht auf eine Stiftung
(1133) des Grafen Sigebotho von Falkenstein
zurück, der seine Burg dem Salzburger Erzbi-
schof zur Gründung eines Stifts der Augustiner-
chorherren übereignete. Die Stiftskirche St. Peter und Paul ist der dritte Kirchenbau. Die
früheren wurden bei verheerenden Bränden
zerstört. Baumeister war Lorenzo Sciasca aus
Graubünden; 1693 wurde die Kirche geweiht.

Einkehren am Weg
Valley: Bräustüberl;
Unterdarching: Kirchenwirt;
Weyarn: Maxlmühle,
Weiglmühle, Landgasthof
Bruckmühle, Landgasthof
Alter Wirt;
Kreuzstraße: Barte-Wirt.

Ein Meilenstein

Aus Großhelfendorf stammt der römische Meilenstein vor dem Schloss Valley (heute Brauerei). Seine Inschrift ist nur mehr schwer lesbar. Sie besagt, dass Kaiser Septimus Severus im Jahre 201 die Straße (zwischen Salzburg und Augsburg) wieder herstellen ließ.

Septimus Severus erneuerte die Straße – so steht es auf dem römischen Meilenstein in Valley.

Die zarten Stuckierungen und die Deckenfresken schuf der Münchner Hofmaler Johann Baptist Zimmermann. Einer der besten Barockbildhauer, Ignaz Günther, ein Schüler von Johann Baptist Straub, ist mit seinen schönsten Bildwerken, darunter die Verkündigungsgruppe und die Pietàgruppe an den Seiten des Chorbogens, in der Kirche vertreten. Bei der Säkularisation blieben die Kirche und die Jakobskapelle von 1136, die einstige Burgkapelle, bestehen, während die Klosterbauten zum Teil abgerissen wurden. Ein Juwel ist die **Sakristei** der ehemaligen Klosterkirche von 1694 mit original erhaltener Rokoko-Ausstattung. Der Stuck und die Fresken aus der Erbauerzeit bilden zusammen mit den bemalten Einbauschränken ein einzigartiges Ensemble. Die an das heutige Schulhaus angebaute **Jakobuskapelle** diente einst als Schlosskapelle und Begräbnisstätte der Grafen Falkenstein. Der Stuck entstand um 1700, die Kanzel datiert aus dem Jahr 1720. Das Altarbild, 1763 von dem Rosenheimer J. A. Höttinger gemalt, zeigt den heiligen Jakobus als Pilger vor der Muttergottes.

Die **Kirche St. Andreas in Hohendilching** wurde um 1640 gebaut. Die Altargemälde entstanden über hundert Jahre später. Josef Schütz schuf sie 1758.

Die **Wallfahrtskirche Kleinhöhenkirchen** entstand um 1770. Sie gehörte ursprünglich zum Kloster Weyarn. Die Deckengemälde schuf Joseph Anton Höttinger (1773).

Wissenswert

Schon vor mehr als hundert Jahren sicherte sich die Stadt München das Gebiet um den Taubenberg zur Trinkwassergewinnung.

Die frühere Landwirtschaft wurde stark reduziert, in jüngerer Zeit ökologischer Landbau nachhaltig gefördert. Seit 1883 fließt so bestes Wasser ohne jegliche Zusätze in die Landeshauptstadt. Rund 80 Prozent des Wasserbedarfs der Großstadt kommen aus diesem Gebiet, täglich rund 360 000 Kubikmeter. Der frühere Landkauf brachte es mit sich, dass die Münchner Stadtwerke nicht nur Forstbesitzer mit einem eigenen Forstamt sind, sondern auch Gastwirt: Zum Wassergewinnungsgebiet Taubenberg gehören nämlich die (verpachteten) Gaststätten Weiglmühle, Gotzinger Trommel, der Berggasthof Taubenberg und die Jedlinger Mühle. Als **Chorherren** bezeichnete man im Mittelalter nach der Gregorianischen Reform die Mitglieder des Ordenskapitels, die nicht nach einer Mönchsregel leben, sondern nach den Richtlinien

Weit geht der Blick ins Land von der Höhe des Weyarner Lindl.

(Canones) für gemeinsam lebende, den drei Ordensgelübden verpflichtete Kleriker. Ihr Kloster ist das Stift, ihr Oberer der Propst (Abt). Der Name leitet sich von Chor ab, der Bezeichnung für den abgetrennten, erhöhten, der Geistlichkeit vorbehaltenen Kirchenraum. Ihre wichtigste Aufgabe ist der Chordienst, der tägliche gemeinsame Gottesdienst. Außerdem gilt ihre Verpflichtung der Seelsorge, dem Unterricht und der Wissenschaft. Chorherren sind neben den Augustinern auch die Prämonstratenser und die Kreuzherren. Das Kloster Weyarn ist auch als **Zentrum der Musik** in die Kirchengeschichte eingetragen. Augustinus Hamel (Abt von 1753 bis 1765, er gewann auch Ignaz Günther für die Kirchenausstattung) widmete der Musik, und ihrer Pflege besondere Förderung. Das musikalische Archiv mit über 500 Handschriften blieb über die Säkularisation hinaus erhalten und wird heute in der Dombibliothek in Freising aufbewahrt.

Wein gab den Namen

Der Name Weyarn hat einen höchst weltlichen Ursprung: Es steckt nämlich Wein drin, genauer ein Weinkeller, lateinisch „cella vinaria". In den tief in den Talhang gegrabenen Kellern und Stollen wurde der Wein als Handelsgut gelagert.

Tour durch den Hofoldinger Forst

Wo die bayerischen Herzöge zur Prunkjagd bliesen

Abfahrt ab München
alle 40/80 Minuten.

Fahrzeit: 43 Minuten.

Fahrpreis: 3 Zonen/
6 Streifen.

Rückfahrt:
S1 ab Kreuzstraße.

Route: – Hofolding –
Faistenhaar.

Weglänge: 25 Kilometer.

Anspruch: Waldluft genießen
kann man auf dieser leichten
Tour. Sie führt fast aus-
schließlich durch den Forst
ohne nennenswerte
Steigungen.

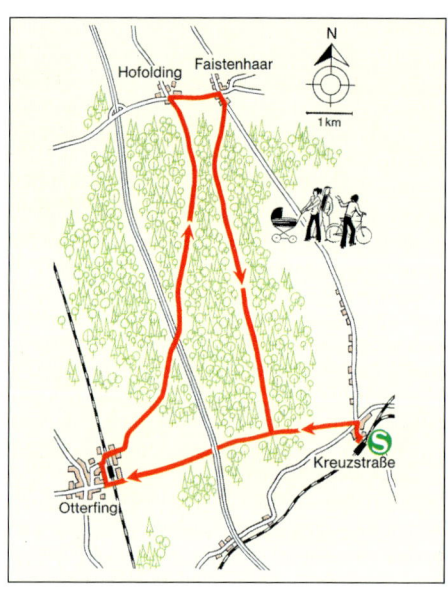

Die Wälder im Münchner Süden haben ihr
heutiges Aussehen erst seit etwa 1850. Anstelle
der Mischwälder mit hohem Fichtenanteil gab
es zuvor vor allem lichte Hutewaldungen aus
Eichen und Buchen, durchsetzt von Birken und
unterwachsen von Haselstauden. Trotz hoch-
herrschaftlicher Jagden mit großen Strecken
gab es viel Wild, und die Bauern nutzten den
Wald als Viehweide. So wurde der Wald fast
kahl gefressen. Es mußte großflächig gerodet
und neu gepflanzt werden.

Die Radltour

Vom Bahnhof fahren wir nach links leicht bergauf zur Kreuzung, die Kreuzstraße den Namen

gab. Hier biegen wir nach links ein und radeln auf der Teerstraße in Westrichtung nach Otterfing. Gleich nach der Eisenbahnbrücke biegen wir rechts in die Ludwig-Thoma-Straße ein, fahren am Bahnhof vorbei, dann nach rechts unter der Bahn hindurch und auf dem Staudenfeldweg in nördlicher Richtung aus dem Ort hinaus in den Forst und nach Hofolding. Dort biegen wir rechts ein und kommen auf der Fahrstraße nach Faistenhaar. Nun radeln wir ein Stück nach rechts auf der Miesbacher Straße, dann erneut nach rechts auf der Forststraße (später Hauptgeräumt) wieder nach Süden bis wir die Fahrstraße nach Otterfing erreichen. Hier biegen wir links ein zurück nach Kreuzstraße.

Bei Radlern hoch im Kurs steht der Garten des Barte-Wirt in Kreuzstraße.

Sehenswert

Die **Pfarrkirche St. Georg in Otterfing** ist ein Bau des frühen 16. Jahrhunderts, der im 17. Jahrhundert verändert wurde. Den Entwurf für den Turm aus Tuffquadern lieferte 1584 Friedrich de Sustris. Im Langhaus und im dreiseitigen Altarraum stehen jeweils zwei gute Seitenaltäre. Der Hochaltar aus der ersten Hälfte des 17. Jahrhunderts zeigt in der Mitte den heiligen Georg zu Pferd als Drachentöter, seitlich die Figuren der Heiligen Nikolaus und Benno.

Wissenswert

Bis zum ausgehenden 18. Jahrhundert gehörte der Wald dem Landesherrn. **Die Jagd** war sein alleiniges Vorrecht und Vergnügen. Auf die Interessen der Untertanen wurde bei diesem Vergnügen wenig Rücksicht genommen, ebensowenig gab es eine planvolle Waldpflege. Parforce- und Treibjagden verwüsteten oft genug auch bestellte Felder. Dabei boten die Jagdherren gelegentlich ganze Heerscharen von Jägern und Helfern auf. An einer von Kurfürst Max Emanuel veranstalteten Jagd waren angeblich 1200 Treiber und 270 berittene Jäger mit 120 Hunden beteiligt. Man erlegte 445 Stück Rot- und Schwarzwild, dazu zwölf Hirsche.

Einkehren am Weg
Faistenhaar: Altwirt;
Kreuzstraße: Barte-Wirt.

Ausflug zum Deininger Weiher

In der Kugleralm wurde die Radlermaß erfunden

Abfahrt ab München
alle 20/40 Minuten.

Fahrzeit: 23 Minuten.

Fahrpreis: 2 Zonen/
4 Streifen.

Rückfahrt: S2 ab Deisenhofen.

Route: Wörnbrunn –
Straßlach – Großdingharting
– Deininger Weiher –
Ödenpullach.

Weglänge: 28 Kilometer.

Anspruch: Auf Waldstrecken
und durch Bauernland geht
es bei dieser Tour zu einer
beliebten Aussichtskanzel
und zu einem idyllischen Badesee. Es gibt einige Steigungen. Wir fahren überwiegend
auf Teerstraßen.

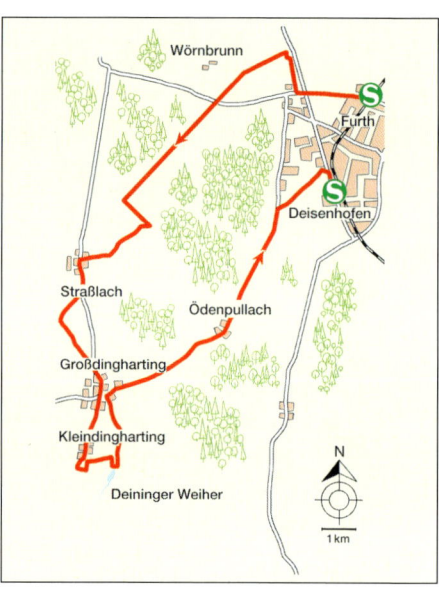

Die Ludwigshöhe, 690 m über dem Meeres-
spiegel, am südlichen Ortsrand von Kleindingharting ist ein beliebter Aussichtsplatz mit Ru-
hebänken. Bei guter Sicht hat man hier einen
herrlichen Blick auf die Alpenkette und das
Oberland.

Die Radltour

Vom S-Bahnhof fahren wir auf der Further
Bahnhofstraße in westlicher Richtung, unterqueren bei der Kugleralm die Bahngleise, halten uns ein Stück rechts nach Norden und biegen dann nach links in den Grünwalder Forst
ein in Richtung Forsthaus Wörnbrunn. Kurz vor
diesem schwenken wir nach links in das Lud-

Herbstliches Farbenspiel am Deininger Weiher.

wig-Geräumt, unterqueren die Oberhachinger Straße, bleiben etwa drei Kilometer auf dem Geräumtweg, biegen dann nach links in das Budik-Geräumt ein und wieder rechts auf die Teerstraße nach Straßlach. Durch den Ort geht es auf der Grünwalder Straße (links), dann nach rechts auf der Mühlstraße und wieder links auf dem Oberholzweg nach Hailafing.

Einkehren am Weg
Deisenhofen: Kugleralm;
Wörnbrunn: Forsthaus;
Großdingharting: Land-
gasthof Killer;
Kleindingharting:
Gasthaus Deininger Weiher.

Dort fahren wir über die Tölzer Straße hinweg, auf der Waldstraße nach Großdingharting und weiter südwärts nach Kleindingharting. Hier geht es am südlichen Ortsrand zur Ludwigs-höhe hinauf, wo wir das Panorama genießen können. Die Weiterfahrt führt in den Ort zurück, dann nach rechts zum Wald hinunter bis zur Querstraße. Ein Abstecher nach rechts führt uns zum Deininger Weiher, einem idylli-schen Badesee im Moor. Nach links setzt sich unsere Tour fort über Großdingharting, dort nach rechts auf der Deisenhofener Straße nach Ödenpullach und weiter in nordöstlicher Rich-tung über die Römerstraße hinweg nach Dei-senhofen. Mit zwei Rechtskehren kurz vor dem Ende der Ödenpullacher Straße kommen wir zum S-Bahnhof.

Sehenswert

Die **Pfarrkirche St. Laurentius in Großdinghar-ting** ist ein spätgotischer Bau. Eine Inschrift an der Tür nennt als Entstehungsjahr 1497. Die Kirche besitzt einen stattlichen Rokokohochal-tar mit einer Relieffigur des zum Himmel fah-renden Laurentius, gekrönt von der Figur Gott-vaters und Figuren der Heiligen Katharina und Sylvester. Der Altar ist ein Werk des Wolfrats-hauser Schnitzers Philipp Rempl aus dem Jahr 1769, beeinflusst von Ignaz Günther. Seitlich des Hochaltars finden sich zwei spätgotische Heiligenfiguren – Sylvester und Laurentius. Sie stammen, um 1510 entstanden, wohl vom früheren gotischen Hochaltar.

Wissenswert

Das **Forsthaus Wörnbrunn** hat seinen Namen von einer Quelle, die im 12. oder 13. Jahr-hundert zum Anwesen eines Werinher gehörte. Später wurde daraus Wörndlbrunn. Das dazugehörige Gut war ursprünglich Tegernseer Klosterbesitz. Anfang des 19. Jahr-hunderts fiel es an den Staat. Seit 1960 ist es in privater Hand.

Biernot macht erfinderisch
So oder so ähnlich muß es sich wohl zugetragen haben: An einem heißen Sommertag ging dem Wirt der Kugleralm, seit eh und je beliebtes Radler-Ausflugsziel, das Bier aus. Kurzerhand streckte er den Restbestand mit Limo, um alle Durstigen versorgen zu können. Die aus der Not geborene Mischung fand An-klang und erfreut sich seither als Radlermaß (oder -halbe) nicht nur bei Radlern großen Zuspruchs.

Zum Kloster des Mönches Dietram

Die erste Klostergründung scheiterte am feuchten Grund

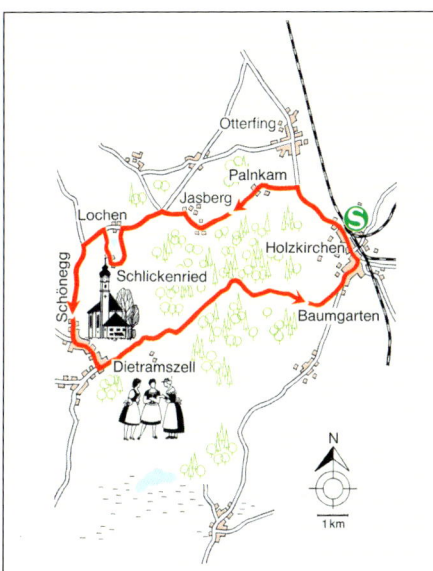

Abfahrt ab München
alle 20/40 Minuten.

Fahrzeit: 40 Minuten.

Fahrpreis: 3 Zonen/
6 Streifen.

Rückfahrt:
S2 ab Holzkirchen.

Route: Palnkam – Lochen –
Schönegg – Dietramszell.

Weglänge: 25 km

Anspruch: Waldstrecken und
hügeliges Bauernland wechseln sich auf dieser Tour ab.
Sie hält auch einige Bergauf-
Strecken bereit.

Vor fast 900 Jahren begann die Geschichte des
Klosters Dietramszell. 1102 gründeten Tegernseer Mönche in Eglingerfurt eine Zelle. Aber
dort drohte Überschwemmungsgefahr, der Ort
wurde aufgegeben und zwei Wegstunden weiter westlich auf höher gelegenem Grund, dem
heutigen Klosterort, eine Martinskapelle mit einem kleinen Kloster erbaut. 1165 wurden Kirche und Kloster geweiht. Der Name des 1147
gestorbenen Gründers ging auf die Ansiedlung
über: Zelle des Dietram.

Die Radltour

Vom Bahnhof radeln wir nach rechts auf der
Münchner Straße Richtung Otterfing aus dem

Einkehren am Weg
Baiernrain: Gasthaus
Baiernrain;
Dietramszell: Schloss-
schänke;
Holzkirchen: Alte Post,
Oberbräu.

Markt Holzkirchen hinaus, bleiben später links von der Bundesstraße (B 13) auf dem Radweg und biegen hinter dem Teufelsgraben links ab nach Palnkam. Von dort führt unsere Route durch das Kernthaler Holz auf asphaltierter Straße über Thalham nach Jasberg und weiter nach Westen in Richtung Baiernrain. Im Wald folgen wir der Fahrstraße nach links und kommen nach Lochen. (Ein Abstecher führt auf der Kühbrunner Straße nach links zum Sport- und Freizeitzentrum Schlickenried). Wir fahren nach Westen aus dem Ort hinaus und nehmen nach links die Fahrstraße nach Dietramszell. Zurück radeln wir auf der Gastwies nach Osten an Osten (so heißt der Weiler) vorbei zum Einödhof Baumgarten und – an der Fahrstraße nach links – nach Holzkirchen zurück.

Sehenswert

Die ehemalige Augustinerchorherrenstiftskirche **Mariä Himmelfahrt in Dietramszell** ist eine der größeren Barockkirchen Oberbayerns. Sie wurde 1748 geweiht. Ihr Baumeister ist unbekannt. Die künstlerische Bedeutung des Sakralbaus ist mit dem Namen des berühmten Künstlers Johann Baptist Zimmermann verbunden. Er schuf die reiche Stuckdekoration, die Deckenfresken und die Altargemälde. Das Hauptbild der Langhausdecke zeigt die Empfehlung des Klosters durch den heiligen Augustinus. In den Seitenkapellen sind Szenen aus dem Marienleben dargestellt. Den Hochaltar krönt eine von Engeln umgebene Strahlensonne. Im Zentrum steht das Gemälde Mariä Himmelfahrt von J. B. Zimmermann (1745), an den Seiten die Figuren der heiligen Bischöfe Martin und Korbinian in Weiß und Gold. Die Seitenaltäre enthalten Figuren des Meisters Franz Xaver Schmädl und Reliefszenen des Wolfratshauser Bildhauers Philipp Rempl. 1803 wurde Dietramszell Sammelkloster für Nonnen, die durch die Säkularisation obdachlos geworden waren. 1830 wurde es von Salesianerinnen aus Indersdorf neu besiedelt, die es seither führen.

Berühmt durch Johann Baptist Zimmermann: die Klosterkirche Dietramszell.

Zur „lieben Frau von Loreto"

Nur an Festtagen ist das „Reutberger Christkindl" zu sehen

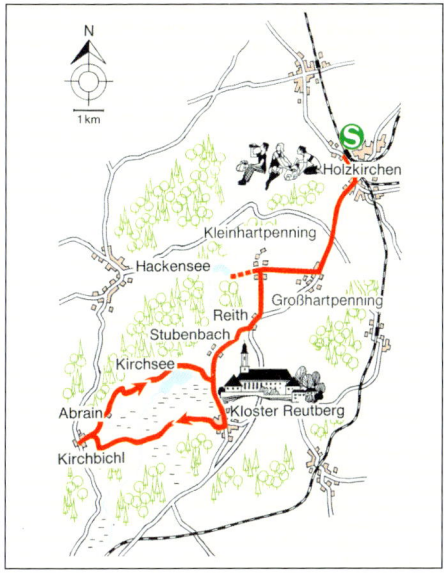

Abfahrt ab München
alle 20/40 Minuten.

Fahrzeit: 40 Minuten.

Fahrpreis: 3 Zonen/
6 Streifen.

Rückfahrt:
S2 ab Holzkirchen.

Route: Großhartpenning –
Hackensee – Reith –
Reutberg – Kirchsee.

Weglänge: 30 km.

Anspruch: Ein Badesee und
ein Rastplatz mit herrlicher
Aussicht erwartet uns am Ziel
dieser landschaftlich ab-
wechslungsreichen Tour, bei
der auch einige Steigungen
zu überwinden sind.

Als Mordbube erwies sich Anfang des 17. Jahrhunderts der Gemahl der Hofmarksherrin von
Reichersbeuern, Anna von Pienzenau. In zwei-
ter Ehe hatte sie Johann Jacob Papafaba, Graf
von Carara und Anquilara, das Jawort gegeben.
Nach kurzer Ehe plante der ein Mordkomplott,
um ihren Besitz an sich zu bringen. Der Plan
flog auf, der Graf floh und ließ alle Wertsa-
chen, die er zusammenraffen konnte, mitge-
hen. In ihrer Bedrängnis gelobte die Gräfin,
ein kleines Kloster zu stiften. Es war zunächst
in München geplant, erstand dann aber neben
der Kapelle auf dem Reutberg. 1618 zogen die
ersten Klosterschwestern, Tertiarkapuzinerin-
nen aus der Schweiz, ein.

Die Radltour

Ein kurzer, lohnender Abstecher führt zum idyllisch gelegenen Hackensee.

Vom Bahnhof fahren wir auf der Münchner Straße nach links stadteinwärts. Am Oskar-von-Miller-Platz nehmen wir die Salzgasse nach rechts, fahren nochmals rechts durch die Hafnerstraße und gleich wieder links auf der

Baumgartenstraße, dann weiter südwärts auf der Burgstallerstraße zur Tölzer Straße (B 13). Der folgen wir nach Süden (Radweg). In Großhartpenning biegen wir rechts nach Kleinhartpenning ab. Zu einem lohnenden Abstecher folgen wir im Ort dem Schild nach rechts hinunter zum idyllischen Hackensee. Die Route setzt sich aber fort auf einem kleinen Straßerl nach Süden, an Asberg vorbei, das kurz vor Leithen in die B 13 einmündet. Wir biegen rechts ein, wenig später erneut nach rechts und fahren nun auf der Teerstraße über Babenberg und Stubenbach nach Süden zum weithin sichtbaren Reutberger Klosterhügel. Hier ist Rast angesagt. Weiter geht es dann südwärts nach Sachsenkam, dort nach rechts auf der Straße nach Kirchbichl, kurz vor dem Ort nach rechts zum Weiler Abrain. Von hier radeln wir weiter nordwärts am Köglweiher vorbei, dann mehr nach Osten durch Mooslandschaft zum Kirchsee und an dessen Nordufer entlang zur Teerstraße, die in Ostrichtung unterhalb von Reutberg wieder auf die Route des Hinwegs einmündet, auf der wir nach Holzkirchen zurück fahren.

Sehenswert

Die Klosterkirche **Mariä Verkündigung in Reutberg**, 1733–35 erbaut, ist ein kurzer barocker Saalbau. Den Altarraum bildet die ursprüngliche Loretokapelle. Über dem Triumphbogen stellt ein Fresko die Legende von Loreto dar. Am Hochaltar weisen zwei Engel auf das Gnadenbild der Muttergottes von Loreto hin. Die Seitenaltäre und die Kanzel entstanden 1736. Auf dem südlichen Seitenaltar hat das „Reutberger Christkindl" seinen Platz (nur an Festtagen, sonst im Nonnenchor). 1743 kam es aus dem heiligen Land nach Reutberg. An den Seitenwänden des Schiffs sind die Rokokoreliquienschreine der Heiligen Dorothea und Hyazinth aus dem Münchner Püttrichkloster aufgestellt.

> **Einkehren am Weg**
> **Großhartpenning:** Landgasthof Altwirt;
> **Kleinhartpennig:** Schreinerwirt;
> **Reutberg:** Bräustüberl;
> **Holzkirchen:** Alte Post, Oberbräu.

> **Loreto kam nach Bayern**
> Auf dem Reutberg (gerodeter Hügel) errichtete 1606 die Gräfin Anna Papafaba eine Kapelle zu Ehren „unserer lieben Frau von Loreto". Es ist die erste Kapelle des Loreto-Kultes in Kurbayern, dessen Verbreitung Petrus Canisius seit 1558 nach einer Italienreise in Deutschland betrieben hatte. Die Papafabin ist auch die Klosterstifterin – sie erfüllte mit der Gründung ein Gelübde.

Waldtour ins Bier-Kurdorf Aying

In Holzkirchen stand einst der Königsthron

Abfahrt ab München
alle 20/40 Minuten.

Fahrzeit: 40 Minuten.

Fahrpreis: 3 Zonen/
6 Streifen.

Rückfahrt: S1 ab Aying
(Fahrpreis: 2 Zonen/
4 Streifen).

Route: Otterfing – Kreuzstraße – Peiß – Aying.

Weglänge: 20 km.

Anspruch: Überwiegend
durch Wald führt diese
leichte Tour, bei der es nur
kurze Steigungen gibt.
Wir radeln überwiegend auf
asphaltierten Straßen.

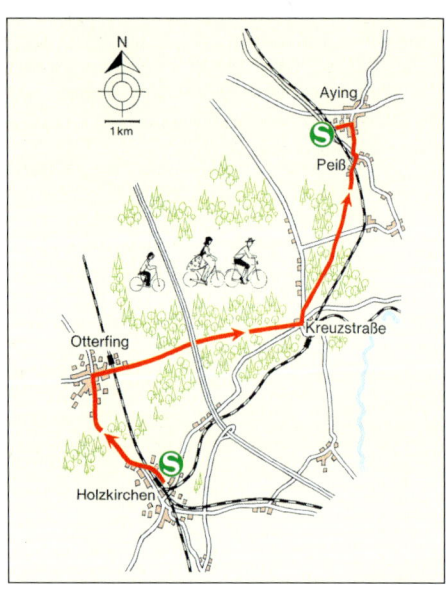

An die 1100 Jahre alt ist der Markt Holzkirchen: 906 wird er in einer Urkunde erstmals
als „Holzkiricha" (Kirche im, nicht aus Holz)
erwähnt. Die Ortsgeschichte geht allerdings
bis in die vorrömische Zeit zurück, nur fehlt es
an datierbaren Belegen. Die gingen in Bränden
und Kriegswirren verloren, von denen Holzkirchen immer wieder heimgesucht wurde. Nach
einer Annahme geht der Markt auf einen karo-
lingischen Königshof zurück. Auch Karl der
Große soll sich hier einige Male aufgehalten
haben. Nach einer anderen Version hat König
Ludwig das Kind (893 in Altötting geboren, re-
gierte von 900 bis 911) hier in den Jahren 906
bis 909 residiert.

Die Radltour

Vom Bahnhof nehmen wir nach rechts die Münchner Straße (B 13) bis Otterfing – vom Ortsrand an auf dem Radweg. Dort biegen wir rechts in die Kreuzstraße ein, fahren über die Bahnlinie und immer weiter ostwärts durch den Südzipfel des Hofoldinger Forsts der Kreuzstraße nach. An der Kreuzung beim Barte-Wirt biegen wir links auf die Straße nach Faistenhaar, dann nach etwa 400 Metern rechts auf den Waldweg (Peißer Straße) ein. Immer nordwärts geht es nun durch den Forst, den wir vor Neugöggenhofen verlassen und weiter durch freies Feld nach Peiß radeln. An der Hauptstraße halten wir uns rechts und schwenken dann nach links bergauf auf den Graßer Weg ein. Auf der Höhe am Waldrand geht es nach links weiter durch ein kleines Waldstück, dann bergab nach Aying, an der Kirche St. Andreas vorbei und beim Bräu nach links auf die Münchner Straße. Nach einem kurzen Schwenk nach links und wieder nach rechts geht es auf der Bahnhofstraße zur S-Bahn hinunter.

Sehenswert (s. a. Tipps 35)

Die Kirche **St. Andreas in Aying** wurde 1655 nach einem Brand im Jahre 1632 neu erbaut. Der mächtige, oben achteckige Turm mit Kuppelhaube blieb erhalten. Im Langhaus finden sich gotische und Renaissance-Stilelemente. An der Südseite im Langhaus beeindruckt ein lebensgroßer Kruzifixus aus dem 17. Jahrhundert. Aus dieser Zeit stammt auch die Kanzel. Aus dem Ende des 17. Jahrhunderts stammt die Kirche **St. Nikolaus in Peiß**. Ihr Baumeister ist nicht bekannt. Sie besitzt einen auffallend schlanken Kuppelturm an der Westseite und eine einheitliche Ausstattung aus der Erbauerzeit mit schöner Stuckdekoration. Der heilige Nikolaus, die zentrale Figur des Hochaltars ist eine wertvolle Arbeit des frühen 16. Jahrhunderts.

> **Einkehren am Weg**
> **Kreuzstraße:** Barte-Wirt;
> **Aying:** Brauereigasthof, Liebhardt's Bräustüberl.

Der „dicke" Turm prägt das Bild der Ayinger Pfarrkirche St. Andreas.

Rundfahrt zum Gut Möschenfeld

Seit bald 500 Jahren kommen Wallfahrer zur Heiligen Ottilie

Abfahrt ab München
alle 20/40 Minuten.

Fahrzeit: 31 Minuten.

Fahrpreis: 2 Zonen/
4 Streifen.

Rückfahrt: S5 ab Kirchseeon.

Route: Buch – Wolfersberg –
Möschenfeld – Grasbrunn –
Egmating – Schlacht.

Weglänge: 42 km.

Anspruch: Eine ausgedehnte
Tour mit langen Forst-
strecken, bei der wir hin
und wieder auch bergauf
schieben müssen.
Zwei reizvolle Badeseen
liegen direkt an der Route.

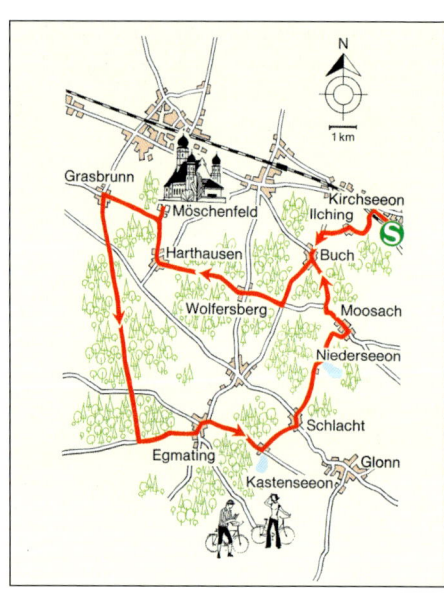

Die Heilige Ottilie (Odilia) ist die Schutzpatronin der Blinden. Sie lebte um 660 bis 720 und
wurde nach der Überlieferung blind geboren,
bei ihrer Taufe jedoch wunderbar geheilt. Als
Gründerin der Klöster Odilienberg in den Vo-
gesen und Niedermünster wird sie vor allem
im Elsass und in Süddeutschland verehrt und
um Fürsprache gebeten. Bildliche Darstellungen zeigen sie mit einem Buch, auf dem zwei
Augen liegen. Die Kirche Möschenfeld ist ihr
geweiht.

Die Radltour

Vom Bahnhof fahren wir auf der Fritz-Litzfel-
der-Straße nach Westen, an deren Ende nach

links unter der Bahn hindurch und auf der Karl-Birkmaier-Straße nach Ilching und weiter südlich nach Buch. Von hier führt die Route auf der Pframmerer Straße nach Süden. Im Jesuitenholz biegen wir rechts ab nach Wolfersberg und fahren weiter nach Westen bis Harthausen, wo wir nach Norden einschwenken und nach Möschenfeld (kurzer Abstecher nach St. Ottilien) radeln. Dann geht es nach Westen bis Grasbrunn, wo wir uns auf der Ekkehartstraße nach Süden wenden. Bei der Kapelle am Mayrhäusl behalten wir weiter die Südrichtung bei und radeln auf dem Grasbrunner Geräumtweg über die Verbindungsstraße nach Egmating hinweg bis zum Dürrnhaarer Geräumt. Hier biegen wir links ein nach Egmating. Wir halten weiter nach Osten und kommen auf der Glonner Straße nach Kastenseeon (Badesee), biegen links nach Nordosten ab, erreichen Schlacht und hier rechts haltend Niederseeon. Am Steinsee (Badesee) vorbei, weiter nordostwärts kommen wir nach Moosach und mit einem Linksschwenk an Maria Altenburg vorbei nach Buch zurück. Von hier fahren wir auf der Hinwegroute zum S-Bahnhof Kirchseeon zurück.

Einkehren am Weg
Moosach: Wirtshaus;
Kirchseeon: Piazza Italia
(Alter Wirt).

Sehenswert

Die Kirche auf dem Gut **Möschenfeld** am Nordrand des Höhenkirchener Forsts bei Grasbrunn ist eines der schönsten Gotteshäuser im näheren Münchner Umland. Anfang des 9. Jahrhunderts gehörte das Gut zum Bistum Freising. Später gelangte es als Schwaige zum Ebersberger Kloster. Deren Benediktiner errichteten 1443 auf dem Gut eine Wallfahrtskapelle zu Ehren der hl. Ottilie. Sie wird 1640 vom Kloster Ebersberg (ab 1595 bis zur Ordensauflösung 1773 von Jesuiten geführt) durch einen stattlichen Neubau einheitlicher Gestaltung ersetzt. Architektonisch originell sind die Treppentürmchen an der Westseite, die mit kräftig gebauchten Zwiebeln bis zum Giebelansatz reichen und den Zugang zur doppelge-schossigen Empore bilden. Die reiche Stuckie-rung stammt aus der Erbauerzeit, ebenso drei große Altäre mit plastischen Gruppen. An der Emporenbrüstung finden sich acht Tafeln mit Darstellungen der Ottilienlegende, die zu ei-nem spätgotischen Altar vom Ende des 15. Jahrhunderts gehörten. Der Sockelaufsatz (Predella) dazu befindet sich im Bayerischen Nationalmuseum in München.

Die romanische **Pfarrkirche St. Michael in Eg-mating** wurde um das Jahr 1200 großenteils aus Feldsteinen in Mörtelbettung erbaut. Das Erdgeschoss des massigen Ostturmes bildet den Altarraum. Auch hier wurde die hl. Ottilie verehrt: Auf dem Hochaltar findet sich eine Holzfigur der Klostergründerin aus dem Ende des 15. Jahrhunderts.

Wissenswert

Im **Waldgürtel** zwischen der Landeshauptstadt und dem Oberland gibt es zahlreiche Ro-dungsinseln. Keferloh, Harthausen, Hohen-brunn, Sauerlach oder Oberbiberg sind auf der Karte als solche noch deutlich zu erkennen. Ih-

Eine der schönsten Kirchen rund um München ist St. Ottilien in Möschenfeld.

re nahezu kreisrunde Form ist leicht zu erklären: Um möglichst kurze Wege zur Feldbestellung zu haben, wurde der Wald gleichmäßig vom Kern (dem Hof oder Dorf) in alle Richtungen gerodet. Solche Rodungen reichen bis ins 12. Jahrhundert, danach scheint der Bedarf an Ackerfläche gedeckt zu sein. Außerdem wurde der Wald intensiv als Viehweide genutzt. In Notzeiten – nach Pest und Krieg, wenn die Bevölkerung abnahm, rückte der Wald sogar wieder näher an den Kern der Rodungsinsel heran.

Abseits von Lärm und Verkehr ist gut radeln – wie auf dieser Waldstrecke bei Ilching.

Wald in Ackerland umzuwandeln, ist seit jeher mühsam. Und was mühsam ist, macht erfinderisch. So auch beim **Roden**. Die einfachste Art war das Baumfällen mit der Axt, wovon Ableitungen des Wortes Roden als Endsilbe wie -reut oder -reit hindeuten. Eine andere Methode ist das Abbrennen des Waldes – überliefert in Ortsnamen, die auf -brand oder -gschwend enden. Und schließlich kann man die Wurzeln einzelner Bäume in ihrem Umkreis freilegen, abtrennen und dann den Baum mitsamt den umgebenden Hauptwurzeln durch Ziehen an einem hoch am Stamm angebrachten Seil zum Umsturz bringen. In Ortsnamen wie Laufzorn oder Zorneding ist dies „Zerren" erhalten. Es ersparte auch das mühsame Entfernen des Wurzelstocks nach der Rodung mit anderen Methoden.

Das **Weiderecht im Wald** wurde in alten Zeiten in der Maßeinheit „Kuhgras" bewertet. Je nachdem, wieviele „Kuhgras" einer besaß, so viele Kühe durfte er an einhundert Tagen im Jahr im Wald weiden lassen. Für anderes Vieh gab es Umrechnungstabellen: Ein Ochse galt ebenfalls für ein Kuhgras, ein Pferd mit Fohlen dagegen gleich viermal so viel. Ein Viertel Kuhgras galt für ein einjähriges Kalb, doppelt so viel für ein ausgewachsenes Schwein. Für die Schweine gab es überdies eine besondere Form der Waldnutzung, die „Techel". Sie galt im Herbst für die Zeit der Eichelreife – der Wald bestand früher vor allem aus Eichen und Buchen.

Zur Wallfahrt Maria Altenburg

118 Stufen führten zum „Heiligtum" über dem Moosachtal

Abfahrt ab München alle 20/40 Minuten.

Fahrzeit: 31 Minuten.

Fahrpreis: 2 Zonen/ 4 Streifen.

Rückfahrt: S5 ab Kirchseeon.

Route: Deinhofen – Falkenberg – Moosach – Steinsee – Niederpframmern – Buch.

Weglänge: 18 km.

Anspruch: Eine abwechslungsreiche Tour durch hügeliges, waldreiches Bauernland zu einem altbayerischen Wallfahrtsort mit zahlreichen Bergabstrecken.

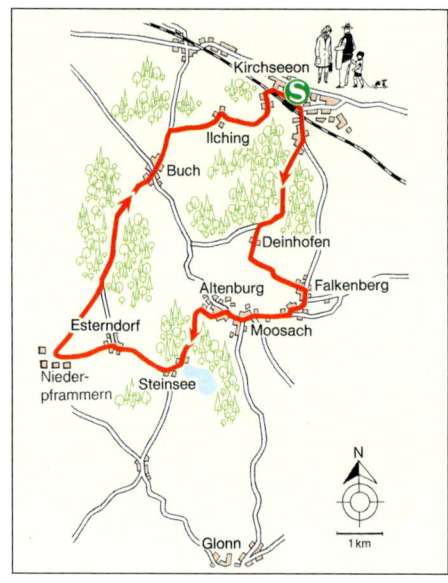

Auf der bewaldeten Höhe des Westhangs über dem Oberlauf der Moosach stand einst eine Burg, von der noch Reste erkennbar sind. Aus der Kapelle dieser Burg, so nehmen Historiker an, ging die Wallfahrtskirche Maria Altenburg hervor. Vom 16. bis 18. Jahrhundert zählte die Altenburg zu den blühendsten Marienwallfahrten Bayerns. „Die Gläubigen pflegten sich auf den Knien, Stufe für Stufe, den Berg zum hochgelegenen Heiligtum hinaufzuziehen", berichtet eine Chronik. Es waren 118 Stufen.

Die Radltour

Am Bahnhof halten wir uns rechts und radeln auf der Wasserburger Straße nach Osten, überqueren dann nach rechts auf der Moosacher Straße die Bahn und biegen wieder rechts in die Deinhofener Straße zum Gut Deinhofen ein. Weiter geht es den sanften Hang hinauf Richtung Moosach, am Waldrand beim Teich (Reit) biegen wir aber nach links ab und kommen nach Falkenberg. Von hier radeln wir auf der Fahrstraße (Grafinger Straße) nach Moosach und weiter auf der Münchner Straße nach Maria Altenburg, das links auf der Höhe über der Straße liegt. Kurz vor der Kirche biegen wir scharf links ein. Zwischen dem Tegernseer und dem Moosacher Holz hindurch erreichen wir den idyllisch gelegenen Steinsee. Wir behalten östliche Richtung bei und fahren über Esterndorf nach Niederpframmern. Im Ort nehmen wir die erste Abzweigung nach rechts, den Buchenweg, der uns durch die Gemarkung von Oberpframmern und weiter durch den Forst nach Buch bringt. Von hier nehmen wir ein Stück die Eglhartinger Straße in nördlicher Richtung, biegen etwa einen Kilometer weiter nach Ilching (rechts) ab. Von hier ist es nur noch ein kurzes Stück ostwärts nach Kirchseeon zurück.

Badeparadies am Weg – der Steinsee.

Sehenswert

Die romanische **Wallfahrtskirche St. Maria Altenburg** wurde um 1400 erbaut. 1405 stiftete der Hofmarksherr Graf Ludwig von Pienzenau eine Ewige Messe. Um 1710 wird die Kirche bis auf den mittelalterlichen Sattelturm barock erneuert. Initiator ist der engagierte Förderer der Marienwallfahrt, der Moosacher Pfarrer Johann Hagn. Die Kirche besitzt einen reich dekorierten Stuckmarmor-Hochaltar aus dem Jahr 1719, der 1775 ergänzt wurde. Er trägt das Gnadenbild, eine beeindruckende Holzfigur der stehenden Muttergottes, die um 1500 entstand. Aus der gleichen Zeit stammt das Holzrelief des auferstandenen Christus mit Maria Magdalena im nördlichen Seitenaltar. Maria Altenburg ist eine der 14 bedeutendsten marianischen Gnadenstätten des beginnenden 17. Jahrhunderts.

> **Einkehren am Weg**
> **Falkenberg:** Gasthof Falkenberg;
> **Moosach:** Wirtschaft, Kiosk Maria Altenburg;
> **Kirchseeon:** Piazza Italia (Alter Wirt).

Durch den Forst zum Eggelburger See

Vor zweihundert Jahren wurde der Wald vermessen

Abfahrt ab München
alle 20/40 Minuten.

Fahrzeit: 31 Minuten.

Fahrpreis: 2 Zonen/
4 Streifen.

Rückfahrt: S5 ab Kirchseeon.

Route: Forsthaus Diana –
Eggelburger See –
Ludwigshöhe – Klostersee –
Forstseeon.

Weglänge: 15 km.

Anspruch: Eine abwechslungsreiche, kleinere Tour
durch schöne Wald- und
Uferstrecken, bei der auch
steilere Etappen zu fahren
bzw. zu schieben sind. Wir
fahren überwiegend auf festen Schotterstraßen.

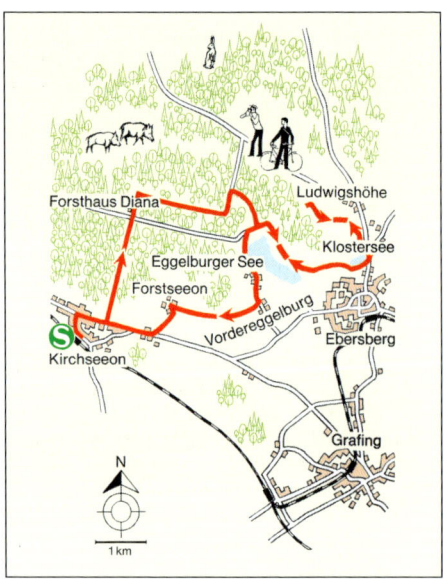

Rund 90 Quadratkilometer bedeckt der Ebersberger Forst. Er gehört damit zu den größten zu-
sammenhängenden Waldgebieten Europas. Dabei ist er nur der aus germanischer Vorzeit übrig-
gebliebene kleine Rest der „schrecklichen Wälder und furchtbaren Sümpfe Germaniens", von
denen der römische Geschichtsschreiber Tacitus
vor fast zweitausend Jahren berichtete. Zu seiner
Zeit reichte der unwirtliche Forst noch vom Inn
bis zum Lech, und nur zwei römische Handels-
straßen führten in Süd-Nord-Richtung hindurch.

Die Radltour

Vom Bahnhof fahren wir auf der Wasserburger
Straße und der Münchener Straße zur Bundes-

Einkehren am Weg
Egglsee: Gaststätte
„Zur Gass";
Kirchseeon: Brückenwirt.

straße 304 (Spannleitenberg). Wir folgen ihr ein Stück nach rechts und biegen dann beim Waldfriedhof links in die Dianastraße ein. An ihrem Ende schwenken wir nach links und fahren schnurgerade nach Norden auf dem Törrings Geräumt zum ehemaligen Forsthaus Diana. Ein Stückchen weiter nördlich nehmen wir das Herdgassen Geräumt nach rechts. Beim Hohenlindener Grenz-Geräumt geht es ein kurzes Stück nach links, dann wieder in steilem Winkel nach rechts. Der Forstweg führt nun zum Wildgatter oberhalb des Eggelburger Sees. Wir umfahren den See am Nord- und Ostufer und biegen kurz vor Egglsee links in den Weg entlang der Weiherkette ein. Beim Klosterseefreibad biegen wir nach links in die Heldenallee ein, die uns zur Ludwigshöhe hinauf und zum Ludwigsturm führt. Dann geht es auf gleicher Route zurück zum Eggelburger See, den wir erneut nördlich umfahren und auf dem Westufer Hintereggelburg und Vordereggelburg erreichen. Hier biegen wir rechts auf den Feldweg nach Forstseeon ein. Dort halten wir uns links und radeln auf der Forstseeoner Straße nach Kirchseeon Dorf und zum Bahnhof zurück.

Hoch über dem See steht die Eggelburger Kirche.

Sehenswert

St. Sebastian in Ebersberg erhielt nach wechselvoller Geschichte seine jetzige, eindrucksvolle Rokoko-Form 1733/34 durch Johann Georg Ettenhofer. Dabei wurde die spätgotische Halle verkleidet. Der imposante Hochaltar mit St. Sebastian im Mittelpunkt zwischen vier großen Heiligenfiguren, die Seitenaltäre, die Orgel und die Kanzel entstanden um 1770. In der Sakristei stehen zwei Holzfiguren von 1760 aus der Werkstatt Ignaz Günthers. Aus mittelalterlicher Zeit sind wertvolle Grabsteine erhalten. Die in Silber getriebene spätgotische Büste des heiligen Sebastian, Angelpunkt der Wallfahrt, wird in der üppig stuckierten barocken Sebastianskapelle aufbewahrt.

> **Wald nach Maß**
> Ende des 18. Jahrhunderts wurde der „Churfürstliche Wald", der Ebersberger Forst, planmäßig vermessen und eingeteilt. Damals entstanden die schnurgeraden, rechtwinkligen „Geräumte". Sie hatten die vierfache Größe der heutigen Gevierte – die heutige „Feineinteilung" entstand erst in späteren Jahren.

Rundkurs zum versteckten Schloss

Elkofen entging der Plünderung durch die Schweden

Abfahrt ab München
alle 20/40 Minuten.

Fahrzeit: 36 Minuten.

Fahrpreis: 3 Zonen/
6 Streifen.

Rückfahr:t
S5 ab Grafing Stadt.

Route: Falkenberg –
Moosach – Schlacht –
Kastenseeon – Glonn –
Berganger – Dorfen.

Weglänge: 28 km.

Anspruch: Eine ausgedehnte
Tour durch schöne Hügel-
landschaft.

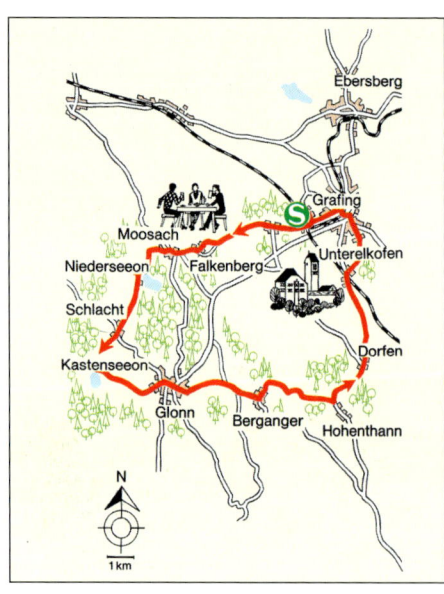

In der östlichen Münchner Region gibt es eine Reihe landschaftlich reizvoller Seen und
Weiher. Besonders beliebt als Badesee ist der
Steinsee bei Niederseeon. Es ist ein bis etwa 25
Meter tiefer Moränensee in einem Toteiskessel.
Er steht unter Landschaftsschutz. Vor allem seine Südufer sind für Badegäste und Wasser-
sportler tabu. Der Bereich gilt als ökologisch
wertvolle Verlandungszone mit Schilf, Moor-
flora und Erlenbruch.

Die Radltour

Am Bahnhof fahren wir nach links und biegen
dann nach rechts auf die Verbindungsstraße
Grafing – Moosach (Am Oberholz) ein, die uns

nach Falkenberg führt. Hier fahren wir weiter nach Westen auf der Münchner Straße nach Maria Altenburg (links auf der Höhe). Kurz vor der Kirche biegen wir scharf nach links ein zum Steinsee. Der weitere Weg führt nach links, wir erreichen Niederseeon, Schlacht und

Im Sommer hinter Laub verborgen ist die mittelalterliche Burg Elkofen.

Einkehren am Weg
Falkenberg: Gasthof Falkenberg;
Moosach: Wirtschaft, Kiosk Maria Altenburg;
Glonn: Zur Post;
Unterelkofen: Schlossgaststätte;
Grafing: Zum Grandauer.

Kastenseeon (Badegelegenheit). Auf der Hauptverkehrsstraße nach links kommen wir dann nach Glonn, durchqueren den Ort, bleiben weiter in östlicher Richtung. Über Wetterling, Berganger fahren wir nach Hohenthann. Nun geht es in nordöstlicher Richtung über Dorfen, Lorenzberg, Eisenhofen und Unterelkofen nach Grafing Stadt.

Sehenswert

Die **Burg Unterelkofen** im Süden von Grafing auf Stadtgebiet hat sich mit ihrem massigen Bergfried ihr mittelalterlichen Aussehen vollständig bewahrt. Vom 14. Jahrhundert bis 1506 war sie herzogliche Burg. Ihre versteckte Lage rettete die Burg im 30jährigen Krieg vor marodierenden Schweden. Zubauten stammen aus dem 17. und 19. Jahrhundert. An der Südseite ist der gemauerte, überdachte Wehrgang aus der Entstehungszeit erhalten. Die Burgkapelle ist dem hl. Georg gewidmet. Ihr Flügelaltar, 1517–20 in der Werkstatt des Meisters von Rabenden entstanden, befindet sich im Bayerischen Nationalmuseum. Besichtigen kann man die Burg nur von außen. Sie ist in Privatbesitz und bewohnt.

Für den Neubau der **Pfarrkirche St. Ägidius in Grafing** verwendete der Grafinger Maurermeister Thomas Mayr 1692 das gotische Mauerwerk der Vorgängerkirche. Es ist ein schönes weiträumiges Gotteshaus mit sparsamem Rokokostuck. Den stattlichen Hochaltar mit Figuren des Petrus, Paulus, Johannes d. T. und Hieronymus schuf der Kistlermeister Hildebrand 1770.

Die **Dreifaltigkeitskirche** (Marktkirche) von 1672 ist ein kleiner ansprechender Barockbau. Der feine Stuck und die Deckengemälde sind das Werk des berühmten Johann Baptist Zimmermann (1748). Aus der gleichen Zeit stammt der Rokokoaltar mit den Figuren der Heiligen Georg und Florian, die Johann Baptist Straub schuf.

Nach St. Marinus und Anianus

In Rott am Inn erlebte das Rokoko höchste Blüte

Abfahrt ab München
alle 20/40 Minuten.

Fahrzeit: 39 Minuten.

Fahrpreis: 3 Zonen/
6 Streifen.

Rückfahrt:
S5 ab Grafing Stadt.

Route: Straußdorf – Hirschbichl – Schalldorf – Rott am
Inn – Dettendorf – Aßling.

Weglänge: 42 km.

Anspruch: Eine längere Tour,
die mit wechselnden Land-
schaften, schönen Ausblicken
ins Land und ins Gebirge,
aber auch mit stärkeren
Steigungen aufwartet.

Zwischen 1081 und 1085 stiftete Pfalzgraf
Kuno von Rott auf dem linken Innufer ein Benediktinerkloster. Das vom berühmten Bild-
hauer Wolfgang Leb aus Wasserburg gestaltete
Hochgrab in der Kirche erinnert noch heute an
die Stifterfamilie. Die Kirche aus dem 12. Jahrhundert mußte im 18. Jahrhundert völlig erneuert werden. Seit der Säkularisation ist die
ehemalige Klosterkirche Pfarrkirche. In der
Gruft auf dem Gottesacker vor der Kirche ist
Franz Josef Strauß beigesetzt.

Die Radltour

Auf der Bahnhofstraße fahren wir zum Marktplatz, dort nach links auf der Mühlenstraße zu

Einkehren am Weg
Rott am Inn: Bräustüberl,
Zur Post;
Grafing: Zum Grandauer.

Kostbares Rokoko birgt die Klosterkirche Rott am Inn.

den Kläranlagen der Höllmühle und weiter südwärts zur Baumgartenmühle, nach Aitterndorf und Straußdorf. Hier überqueren wir die Durchgangsstraße und radeln in östlicher Richtung nach Katzenreuth hinauf. Am Ortsrand nehmen wir den Feldweg nach rechts, halten später nach links. Wieder nach rechts erreichen wir Tegernau. Weiter südlich kommen wir nach Gersdorf und über Heimgarten nach Hirschbichl. Die restliche Strecke nach Rott nehmen wir auf der Straße über Schalldorf und Wurzach. Die Route zurück führt nach Südwesten Richtung Lampferding bis Dettendorf. Am Ortsende geht es rechts ab nach Kronau. Nach Überqueren der Durchfahrtstraße bleiben wir etwa 500 Meter geradeaus, biegen dann nach rechts ab und nehmen ab der Attelbrücke den linken Uferweg. Später wechseln wir auf das andere Ufer. Kurz vor Aßling biegen wir links in den Attelweg ein, fahren ein kurzes Stück nach rechts und verlassen Aßling auf dem Fischerweg (rechts). Hinter der Attelbrücke radeln wir nach links auf dem rechten Uferweg weiter, biegen nach etwas mehr als einem Kilometer nach rechts ein und wenig später nach links auf die kleine Straße nach Aitterndorf. Von hier geht es auf der Route des Hinwegs zur S-Bahn zurück.

Sehenswert

Die ehemalige Klosterkirche **St. Marinus und Anianus in Rott am Inn** gehört zu den kostbarsten Rokokokirchen Bayerns. 1763 wurde das Gotteshaus geweiht. Die hervorragendsten Künstler der Zeit wirkten an seiner Ausgestaltung mit. Baumeister war Johann Michael Fischer. Die Fresken malte der Augsburger Matthäus Günther, die Stuckierung in mattem Blaugrau schufen Franz Xaver Feichtmayr und Jakob Rauch, die Altäre und ihre plastische Ausgestaltung sind Werke des berühmten Rokoko-Bildhauers Ignaz Günther und seiner Schüler, unter ihnen v. a. Joseph Götsch.

In den Jahren 1760-1762 hat FRANZ IGNAZ GÜNTHER (1725-1775) die Ausstattung der ehemaligen Klosterkirche OSB mit geschaffen. Die Rotter Bevölkerung möge in Dankbarkeit seinem Namen verbunden bleiben. 15.10.1975

Danktafel der Rotter Bürger für den großen Künstler Ignaz Günther.

Unterwegs im Erdinger Moos

In Erding kann man auch thermalbaden

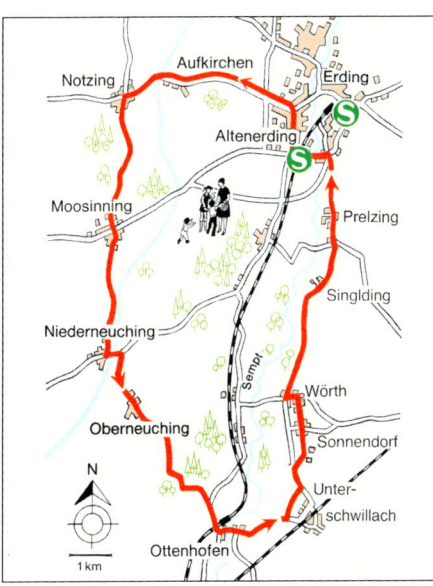

Abfahrt ab München
alle 20/40 Minuten.

Fahrzeit: 42 Minuten.

Fahrpreis: 3 Zonen/
6 Streifen.

Rückfahrt:
S6 ab Altenerding.

Route: Aufkirchen – Notzing
– Moosinning –
Niederneuching –
Ottenhofen – Wörth.

Weglänge: 25 km.

Anspruch: Eine leichte Rundfahrt durch die Moosland-
schaft im Erdinger Süden ohne nennenswerte Steigungen.

Seinen international guten Ruf verdankt die
Kreisstadt Erding nicht so sehr dem neuen
Flughafen oder seinem Weißbräu, sondern
vielmehr einem alten Handwerk, dem
Glockengleßen. Seit dem Ende des letzten
Krieges, während dessen viele Kirchtürme ihrer Glocken beraubt wurden, weil man ihr Me-
tall in den Waffenschmieden benötigte, wurden in Erding mehr als 5000 Glocken für Auf-
traggeber in aller Welt produziert.

Die Radltour

Vom Bahnhof fahren wir auf der Münchner
Straße nach rechts stadteinwärts, biegen dann
nach links in die Dachauer Straße auf den Rad-

Einkehren am Weg
Notzing: Kandlerwirt;
Erding: Erdinger Weißbräu
(Altstadt).

weg nach Aufkirchen und Notzing ein. Bei der St. Sebastianskapelle halten wir uns links und fahren nun in Südrichtung nach Nieder- und Oberneuching und weiter nach Ottenhofen. Hier unterqueren wir die Bahn und biegen hinter der Kirche links in die Schwillacher Straße ein. Dann geht es nach rechts auf der Herdweger Straße weiter. Etwas später halten wir uns links und radeln nun auf der kleinen Teerstraße in Richtung Unterschwillach, bleiben jedoch vor dem Bahndamm links, fahren durch die Keckmühle und leicht bergauf in Nordrichtung über Dürnstein auf einem Feldweg nach Sonnendorf. Wir durchqueren den Ort, biegen nach rechts ein nach Breitötting und weiter nach Wörth. Bei der Kirche radeln wir auf der Hörlkofener Straße zur Durchgangsstraße leicht bergab. Dort biegen wir rechts ein und kommen über Niederwörth und Pretzen zum Ausgangspunkt zurück.

Sehenswert

Die **Wallfahrtskirche Heilig Blut in Erding** geht auf ein Hostienwunder zurück. Eine erste Kapelle entstand schon um 1300. Die Wallfahrt wird 1360 erstmals erwähnt. Die heutige Kirche erbaute der Erdinger Stadtbaumeister Hans Kogler 1675–77 mit einer kleinen, kreuzförmigen Krypta an der Stelle des Hostienwunders. Die überreiche, fantasievolle Stuckausstattung schuf der Münchner Johann Georg Bader 1704. Aus dem Ende des 17. Jahrhunderts stammen die mit Stuckmarmor aufgeführten Seitenaltäre, der Hochaltar und die große Kanzel. Die seitlichen Hochaltarblätter malte Johann Andreas Wolff (1697), die der Seitenaltäre Johann Degler.
Über die Erbauer von **St. Johannes in Erding**, seit 1891 Pfarrkirche, gibt es keine Zeugnisse. Der Altarraum stammt aus dem 14. Jahrhundert, das Langhaus aus der Mitte des 15. Jahrhunderts. Es ist eine geräumige gotische Hallenkirche. Der Glockenturm vom Ende des 14.

Jahrhunderts diente einst auch als Wachtturm. Er steht fünf Meter von der Kirche entfernt. Die Ölgemälde des Kreuzwegs aus dem späten 18. Jahrhundert schuf Josef Hauberisser. Blickfang ist das Triumphbogenkruzifix von Hans Leinberger (1525).

Die **Spitalkirche zum Heiligen Geist** am Schrannenplatz in Erding wurde Ende des 15. Jahrhunderts erbaut und 1688 barock verändert. Der weiß und gold gehaltene Altar stammt von 1793. Johann Nikolaus Miller schuf die Malereien an der Emporenbrüstung (1766). Aus gotischer Zeit sind die drei Figuren an der Südwand.

Die **Pfarrkirche St. Johannes der Täufer in Aufkirchen** auf einer Anhöhe über dem Dorf ist ein weithin sichtbarer Orientierungspunkt. Der geräumige Saalbau von Johann Baptist Lethner aus der Mitte des 18. Jahrhunderts besitzt ein malerisches Rokokodekor und Altäre in Rokokoformen. Den Hochaltar zieren Figuren von Christian Jorhan d. Ä.. Auffällig ist die rechteckige Kanzel aus der ersten Hälfte des 18. Jahrhunderts.

Die **Kirche St. Katharina in Ottenhofen**, um 1700 unter Beibehaltung romanischer Mauern einer älteren Kirche, ist ein einfacher Bau mit schlichtem Rahmenstuck. Er birgt drei bemerkenswerte Altäre aus der Mitte des 17. Jahrhunderts und den Grabstein des 1556 gestorbenen „Friedrich Esswurmb zu Ottenhoven" aus Rotmarmor mit reich ausgestaltetem Wappen.

Wissenswert

Gebohrt wurde nach Erdöl, zutage trat Wasser: 65 Grad warmes Wasser aus einer Tiefe von rund 2350 Metern. Unter der Regie des Zweckverbandes Geowärme Erding (Stadt und Landkreis) spendet die „Ardeoquelle" das Thermalbadewasser für die neue **Therme Erding**, Fernwärme für das nahe Krankenhaus und Wohnungen im Umkreis und schließlich (nach

---

Über Nacht berühmt
Reisen ist ein kleines Dorf im Norden von Erding. Ende der 50er Jahre wurde es fast über Nacht berühmt. Archäologen machten in der „Weich" im Gemeindegebiet einen bedeutenden Depotfund aus grauer Vorzeit. Zu den Zeugnissen aus der Urnenfelderzeit (um 1300 vor Christus) gehörten Plattenfibeln und Lappenäxte der Bronzezeitmenschen. Den kompletten Schatz kann man heute in der Prähistorischen Staatssammlung in München sehen (Lerchenfeldstraße 2, Tram 17, Bus 53).

*Der Schöne Turm
am Schrannenplatz von Erding.*

Abkühlung) sogar Trinkwasser. Seit Oktober 1999 tummeln sich in der Therme Erding Badegäste unter einer Riesenkuppel, die sich auch öffnen lässt, in zwölf Becken mit einer Wasserfläche von 1 400 Quadratmetern. Vom Bahnhof Altenerding zum Thermalbad fährt man nach Westen (Am Wasserwerk) und biegt dann links in die Itzlinger Straße ein.

Vier Abfertigungsmodule mit dem charakteristischen, mächtigen Tower darüber, zwei Landebahnen, jede vier Kilometer lang und 60 Meter breit, insgesamt 1500 Hektar groß – der **Flughafen München II**, 28 Kilometer nördlich der Landeshauptstadt im Erdinger Moos, wartet mit vielen Superlativen auf. Die logistische Meisterleistung des reibungslosen Komplett-Umzugs vom alten Gelände in Riem am 17. Mai 1992 in einer einzigen Nacht ist schon Legende. Der einst „viel zu groß" gescholtene Airport platzt heute aus allen Nähten: Über 300 000 Flugbewegungen, über 23 Millionen Fluggäste und über 130 000 Tonnen Fracht im Jahr wurden 2000 gezählt. An die einhundert Fluggesellschaften fliegen den Airport an, der mit dem Kennungssymbol „M" auf sich und auf München aufmerksam macht.

Zur Wallfahrt Maria Thalheim

Die Muttergottes stand fast lebensgroß im Hollerbaum

Abfahrt ab München alle 20/40 Minuten.

Fahrzeit: 44 Minuten.

Fahrpreis: 3 Zonen/ 6 Streifen.

Rückfahrt: S6 ab Erding.

Route: Langengeisling – Fraunberg – Thalheim – Wartenberg – Reichenkirchen.

Weglänge: 41 km.

Anspruch: Eine Rundfahrt durch die Mooslandschaft von Sempt und Strogen und die Hügellandschaft im Erdinger Norden mit einigen kurzen, auch stärkeren Steigungen.

Das Erdinger Moos entstand vor etwa 15 000 Jahren. Es gehört zur Münchner Schotterebene. Nicht überall konnten in der Nacheiszeit die Schmelzwasserströme durch die Geröllschichten, die die Gletscher mitgeschleift hatten, abfließen. An wasserundurchlässigen Erdschichten bildeten sich Seen, Weiher und Sümpfe.

Die Radltour

Auf der Geheimrat-Irl-Straße, über den Grünen Markt und nach rechts durch die Zollnerstraße kommen wir zum Schrannenplatz, fahren durch das Altstadtensemble der Langen Zeile, biegen in die Anton-Bruckner-Straße nach links und hinter der Fellachbrücke nach rechts

Die Pfarrkirche von Langengeisling.

in die Franz-Xaver-Stahl-Straße ein. Von hier geht es immer nach Norden am Fellbach entlang, an den Badeweihern vorbei nach Langengeisling. Dort fahren wir auf der Wartenberger Straße in Richtung Tittenkofen. Nach etwa einem Kilometer führt unser Weg in einer S-Kurve nach rechts auf den Weg nach Grucking. Im Ort fahren wir an der Querstraße nach links und nach knapp 500 Metern wieder nach rechts. Nun geht es durch das Strogental über Grafing, Helling und Siglding nach Fraunberg, dort rechts und leicht bergauf über Bachham und Kleinthalheim zur Wallfahrtskirche. Der weitere Weg: in nördlicher Richtung nach Vorderbaumberg, dann links über Hainthal nach Riding. Nach einem Rechts- und Linksschwenk kommen wir nach Pesenlern und weiter nordwärts nach Wartenberg. Auf der Rückfahrt radeln wir zunächst nach Westen zum Thenner See (Badesee) und von hier nach Süden über Pesenlern nach Reichenkirchen. Dann geht es über Tittenkofen, Eichenkofen und Langengeisling zurück nach Erding.

Sehenswert

Die **Pfarrkirche St. Martin in Langengeisling** ist ein stattlicher Rokokobau, der im 18. Jahrhundert überarbeitet wurde. Das große Deckengemälde von 1767 wird Johann Martin Heigl zugeschrieben. Den Hochaltar schuf Johann Michael Hiernle 1745.

Die **Wallfahrtskirche St. Mariä Himmelfahrt in Thalheim** besitzt eine prunkvolle Innenausstattung, die um die Mitte des 18. Jahrhunderts entstand. Teile der Wandpfeilerkirche stammen noch aus romanischer und gotischer Zeit. Der elegante Stuck und die Deckengemälde sind von Johann Martin Heigl. Den prächtigen Hochaltar schufen der Freisinger Hofbildhauer Franz Anton Mallet (Aufbau), Johann Michael Hiernle (die Figuren der vier Kirchenväter) und Christian Jorhan d. Ä. (den Baldachin mit Gnadenbild der Muttergottes).

Erkundung der nördlichen Isarauen

Im Schloss tagt jetzt der Gemeinderat

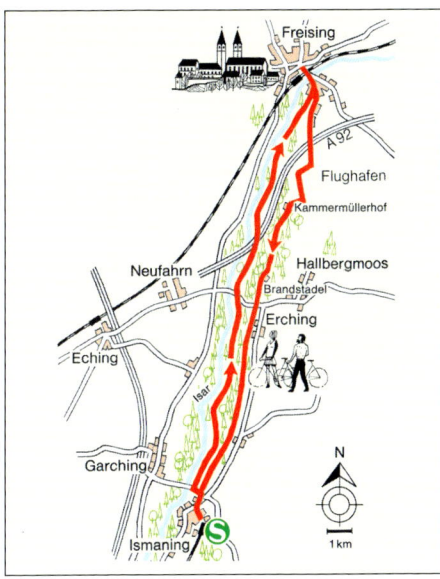

Abfahrt ab München
alle 20 Minuten.

Fahrzeit: 24 Minuten.

Fahrpreis: 2 Zonen/
4 Streifen.

Rückfahrt: S8 ab Ismaning.

Route: Isarauen – Freising
und zurück.

Weglänge: 38 km.

Anspruch: Eine schöne, aber
lange Route durch die reiz-
vollen, überwiegend waldi-
gen Isarauen, die so gut wie
keine Steigungen enthält.

Die Isar war einst nicht nur ein reißender, sondern auch ein wahrhaft goldener Fluss. Sie
führte nämlich in den Bergen ausgewaschenes
Gold mit sich. Allerdings in so winzigen Körn-
chen, dass man sie mit bloßem Auge kaum
entdecken konnte, und so wenige, dass sich
ein Abbau nicht mehr lohnt. Im 18. und 19.
Jahrhundert aber probierten viele Menschen
ihr Glück als Goldwäscher. Es gab sogar Gold-
wäscher-Familien, die ihre Gewinnungstech-
nik an die Kinder weitergaben. Das kurfürstli-
che Münzamt stellte Dukaten aus Isargold her,
alle Funde mußten dort abgeliefert werden.
Für ein Pfund Gold bezahlte die Münze 725
Gulden, damals ein hübsches Sümmchen.

Einkehren am Weg
Achering: Gasthaus Schredl;
Ismaning: Zur Mühle.

Aber auch ein zehnköpfiges Goldwäscherteam brachte es kaum auf mehr als 700 Gramm im Jahr. Das letzte Flussgold wurde 1889 abgeliefert. Den letzten Flussgolddukaten, den Rheingold-Dukaten Maximilians II., prägte das Münzamt 1883. Die Isargoldwäscher starben aus.

Die Radltour

Wir radeln über den Bahnhofsplatz nach Norden, biegen links in die Aschheimer Straße ein, fahren weiter geradeaus über den Kirchplatz zur Schlossstraße. Dort geht es rechts am Schloss vorbei über die Münchner Straße hinweg und weiter geradeaus auf der Garchinger Straße. Hier biegen wir rechts in die Isarauen ein, denen wir nun nach Norden in die alte Bischofstadt folgen. Auf Isarbrücken und Stegen bei Dietersheim, bei Mintraching, bei Achering und schließlich kurz vor Freising beim Gutshof Schlüter können wir nach Belieben das Ufer wechseln. Die Stadt erreichen wir auf dem linken Isarufer durch den Fuchswinkel, auf dem rechten Ufer durch das Erholungsgebiet Savoy-

Heute ist es das Rathaus: Schloss Ismaning.

er Au. Beide Wege münden in die Erdinger Straße an der Isarbrücke, wir können also schon hier den Rückweg antreten. Wer mit der S-Bahn von hier zurück möchte, folgt der Erdinger Straße nach links, biegt kurz vor der Bahn links in die Parkstraße ein, unterquert etwas später die Bahn und fährt auf der Ottostraße nach links zum Bahnhof.

Sehenswert (s. a. Tipps 1, 2, 3, 4)

1520 baute der Freisinger Domkanoniker Jakob Haushammer das **Schloss Ismaning**. Bischof Franz Ecker ließ es in den Jahren 1716/17 durch Dominikus Gläsl und Johann Baptist Zimmermann zur fürstbischöflichen Residenz ausbauen. 1871 erwarb es der Herzog von Leuchtenberg, Eugène Beauharnais, Sohn der Kaiserin Josephine und Adoptivsohn Napoleons. Er ließ die Barockfassade des Schlosses ändern und in der Südwestecke das über zwei Stockwerke reichende Napoleonzimmer einrichten. 1899 ging das Schloss in den Besitz der Stadt München über, seit 1919 gehört es der Gemeinde Ismaning.

Durchs Kraut- und Kartoffelland

Im Münchner Norden gibt es schöne Badeseen

Abfahrt ab München
alle 10 Minuten.

Fahrzeit: 21 Minuten.

Fahrpreis: 2 Zonen/
4 Streifen.

Rückfahrt:
U6 ab Garching-Hochbrück.

Route: Garching – Eching –
Günzenhausen – Fürholzen –
Neufahrn – Mintraching.

Weglänge: 30 km.

Anspruch: Eine Route, die
kaum Steigungen enthält
und mit wechselnden
Landschaften aufwartet.
Wir fahren überwiegend auf
ruhigen Teerstraßen.

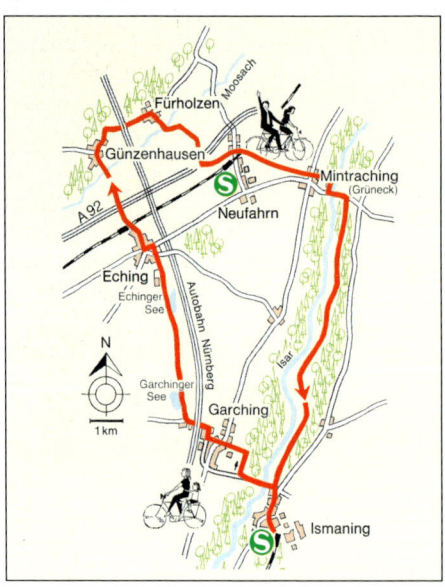

In der Gegend um Ismaning auf dem Lössboden des rechten Isarhochufers gedeiht außer Kartoffeln und Mais vor allem Kraut besonders gut. Es wird schon seit dem Mittelalter hier angebaut. Urkunden berichten von Ablieferungen von 2500 Krautköpfen jährlich an das Fürstbistum Freising, zu dem die Grafschaft Ismaning damals gehörte.

Die Radltour

Einkehren am Weg
Eching: Hubertwirt;
Neufahrn: Gasthof
Gumberger;
Garching: Neuwirt.

Vom U-Bahnhof fahren wir auf der Daimlerstraße nach Norden, überqueren die Durchgangsstraße, schwenken dann nach rechts in die Schleißheimer Straße. An ihrem Ende biegen wir links auf die Straße Am See ein, die

*Eine Heilige, die es nie gab,
wurde hier verehrt –
die Alte Neufahrner Kirche.*

uns zum Garchinger See und weiter zum
Echinger See (Badeseen) bringt. Wir erreichen
Eching auf der Garchinger Straße, biegen links
in die Untere Hauptstraße ein und wieder
rechts in die Bahnhofstraße, unterqueren die
Bahn und radeln weiter nach Günzenhausen.

Die Erfindung der Wilgefortis

Das Gnadenbild des Kruzifixus im Neufahrner Hochaltar aus dem Anfang des 12. Jahrhunderts stellt Christus nach der alten orientalischen Art mit einem Mantel bekleidet dar. Im 15. Jahrhundert führte das zu einem Missverständnis: Man hielt den Gekreuzigten für eine weibliche Heilige und „erfand" eine Legende dazu. Die Tochter eines heidnischen Königs, Wilgefortis (virgo fortis, starke Jungfrau) bat Gott, um nicht einen heidnischen Prinzen heiraten zu müssen, ihr Äußeres zu entstellen. Es wuchs ihr ein Bart. Der wütende Vater ließ sie kreuzigen…

Hier nehmen wir nach rechts die Massenhauser Straße unter der Autobahn hindurch nach Fürholzen. Nun halten wir uns rechts und fahren auf der Straße An der Mauka nach Neufahrn. An der Christa-Cranz-Straße geht es wir ein Stück nach links, wenig später wenden wir uns nach rechts und fahren nun auf dem Kurt-Kittel-Ring zum Galgenbachweg und dort links nach Mintraching. Über die Dorfstraße kommen wir zum Grünecker Kreuz und auf dem Radweg der Erdinger Straße zur Isarbrücke. Hier schwenken wir nach rechts auf das Isarufer ein und radeln nach Süden bis zur Isarbrücke der B 471. Weiter geht es ein kleines Stück nach rechts auf dem Radweg neben der Bundesstraße, dann – noch in den Isarauen – wieder nach rechts auf den Forst- und Feldweg nach Garching. Auf der Mühlgasse kommen wir in den Ort und auf der Schleißheimer Straße zum U-Bahnhof zurück.

Sehenswert

In der **Alten Neufahrner Wallfahrtskirche** wird seit Jahrhunderten die Heilige Wilgefortis oder Kümmernis verehrt. Der Kult kam im 15. Jahrhundert auf und erreichte seine Blüte im 16. und 17. Jahrhundert. Neufahrn war der Mittelpunkt der Kümmernis-Verehrung in Süddeutschland. Die Wallfahrtskirche entstand im 15., der Turm schon im 14. Jahrhundert. 1715 wurde das gotische Gotteshaus barock umgestaltet und eine reiche Fresken- und Stuckdekoration eingebracht. Das Gnadenbild am Hochaltar, eines der ältesten erhaltenen Schnitzwerke Oberbayerns, wurde mehrfach restauriert und übermalt. Die Kirche besitzt einen prächtigen Hochaltar mit dreiteiliger Schauwand (1661). Die Seitenaltäre und die Kanzel entstanden gegen Ende des 17. Jahrhunderts. In der nördlichen Seitenkapelle berichten sieben hölzerne Legendentafeln aus dem Jahre 1527 die Geschichte der Wiederauffindung des Gnadenbildes im Hochaltar.

Tour durch das Torfstecherland

Vom Zengermoos erreicht der Bayerische Rundfunk die Welt

Abfahrt ab München
alle 20 Minuten.

Fahrzeit: 24 Minuten.

Fahrpreis: 2 Zonen/
4 Streifen.

Rückfahrt: S8 ab Ismaning.

Route: Speichersee –
Finsingermoos – Goldach –
Hallbergmoos – Fischer-
häuser.

Weglänge: 35 km.

Anspruch: Eine Fahrt durch
die ebene Mooslandschaft
des Münchner Nordens, die
landschaftlich wenig Ab-
wechslung bietet, dafür aber
mit dem Naherlebnis techni-
scher Superlative aufwartet:
dem Speichersee, der
Großsendeanlage und dem
Großflughafen.

Mit der Inbetriebnahme des Mittelwellen-
senders München-Ismaning begann am 3. De-
zember 1932 in Bayern das Zeitalter der
Großrundfunksender. Auf dem 120 Tagwerk
großen Gelände bei Ismaning, nördlich des
Speichersees im Finsinger Moos, entstanden
modernste Sendeanlagen mit hoch in den
Himmel ragenden, an scheinbar dünnen Stahl-
seilen verankerten Masten. Einer davon (ursprünglich zwei) hatte die Form des Eiffelturms
und war aus dem extrem widerstandsfähigen
Holz einer amerikanischen Pechkiefer gebaut.
Mit 156 Metern verfehlte er die Höhe des Köl-
ner Doms nur um einen Meter. Anfang der
90er Jahre hatte das einstige Wahrzeichen des

Sendezentrums ausgedient und kam unter die Säge. Von dem oft als technisches Wunderwerk gepriesenen Turm blieben nur faustgroße Erinnerungsklötzchen.

Die Radltour

Wir starten in nördlicher Richtung auf der Bahnhofstraße und fahren auf der Steinheilstraße weiter. An der Mayerbacherstraße biegen wir rechts ein, fahren hinter der Brücke über die B 471 erneut nach rechts. Nach etwa einem Kilometer schwenken wir nach links und erreichen auf der Remistraße den (von Wall und Hecken verdeckten) Speichersee. Hinter dem Kraftwerk führt ein Pfad hinauf zur Dammkrone (lohnende Aussicht über den See). Wir folgen nun der Straße am Seedamm, am vorgelagerten BMW-Versuchsgelände entlang, bis wir nach links in die Landshamer Straße einbiegen. An der Großsenderstraße halten wir uns links und gleich wieder rechts. Auf die Senderstraße radeln wir nun durch die Sendeanlage des Bayerischen Rundfunks nach Norden, schwenken an ihrem Ende nach rechts und gleich wieder nach links in die Ismaninger Straße. Weiter geht es dann nach links auf der Brennermühlstraße nach Freieneck, dort rechts über die B 388 hinweg nach Zengermoos und weiter nordwärts nach Goldach. Hier fahren wir auf der Hauptstraße nach rechts und biegen dann links in den Birkenweg ein, der uns nach Hallbergmoos-Birkeneck bringt.

Idyllische Einkehr an der Mühle in Ismaning.

Von hier gibt es einen lohnenden Abstecher (einfach etwa drei Kilometer) nach rechts auf dem Süßbachweg, dann bei der Fahrstraße erneut nach rechts auf der Fahrstraße nach Schwaig zum Aussichtshügel des Flughafens. Unser Weg setzt sich nach links durch Hallbergmoos fort. Auf der Maximilianstraße (nach links) verlassen wir den Ort, biegen nach rechts in die Auenstraße ein und fahren auf dem Brandstadelweg weiter nach Westen. Im Weiler Brandstadel nehmen wir Südrichtung, überqueren beim S-Bahnhof Hallbergmoos (Möglichkeit der Rückreise) die Fahrstraße und radeln nun über Erching, am Zwillingshof vorbei, nach Fischerhäuser und von dort auf dem Radweg neben der B 388 nach Ismaning zurück. Auf der Freisinger Straße und der Aschheimer Straße kommen wir zur Bahnhofstraße.

Wissenswert

Rund sieben Kilometer lang ist er und hat eine Fläche von sechs Quadratkilometern: Der **Speichersee** im Norden der Landeshauptstadt zwischen Unterföhring, Ismaning und Neufinsing. 1929 wurde er fertiggestellt. Er dient als Stromlieferant, Wasserreservoir und zugleich – mit den Fischteichen an der Südseite – zur biologischen Nachreinigung der geklärten Münchner Abwasser. Gespeist wird der See vom Isarkanal. Der See ist ein Vogelschutzgebiet von europäischem Rang, mit einer Reiher- und Kormorankolonie auf der Halbinsel an der Südseite. Hier finden zahlreiche Zugvogelarten auf ihren alljährlichen Wanderungen Nahrung und Rastplatz. Rund 250 Arten wurden einmal gezählt. Auf dem Nordufer verläuft ein hoher Damm, auf dem Gras und Sträucher das alte Lorengleis aus der Bauzeit überwuchern. Von hier hat man gute Aussicht auf die Vogelkolonien. Der Damm ist allerdings nur zeitweilig und auf eigenes Risiko begehbar. Der Grund dafür sind „Erlkönige". Das östliche Gelände unterhalb des Damms ist nämlich Testareal für

---

Einkehren am Weg
Hallbergmoos: Alter Wirt, Zum Klösterl, Zum Kramer; **Ismaning:** Zur Mühle.

Das bajuwarische „ing"
Die Endsilbe „-ing" in vielen Ortsnamen wie bei Ismaning deutet auf eine Gründung in der Epoche der ersten bajuwarischen Besiedlung, deren Schwerpunkt im zweiten Viertel des 6. Jahrhunderts liegt. Der Name Ismaning steht in Verbindung mit einem „Ismann", auf den die Siedlung wohl zurückgeht. Den Hausnamen „Eismann" gibt es dort noch heute.

Radelvergnügen ohne Ende bieten die nördlichen Isarauen.

BMW-Autos. Und wenn unten neue Modelle unterwegs sind, wird oben natürlich zugesperrt.

Seit Menschengedenken wird im Moor **Torf** gestochen, getrocknet und in Brikettform als Brennmaterial verwendet. Die steigende Nachfrage nach Energie zu Beginn des Industriezeitalters ließ das Torfstechen zum Riesengeschäft werden. Einer, der die „Marktlücke" frühzeitig erkannte, war der Münchner Immobilienhändler Zenger. Er begründete 1851 das Gut Zengermoos und stieg im großen Stil in das Torfgeschäft ein. Zeitweilig waren ganze Kolonnen von Torfstechern als Saisonkräfte im Zengermoos tätig, oft vom Bayerischen Wald und aus der Oberpfalz angereist. In München ließ sich der Brennstoff blendend absetzen. Sein Nachfolger Egon Poschinger baute sogar eine eigene Torfbahn bis Ismaning. Zu Anfang unseres Jahrhunderts löste dann die ergiebigere Steinkohle und die mit ihr gewonnene Elektrizität Torf als Energieträger ab.

Der Tower des neuen **Flughafens München** ist fast zwei Kilometer weit weg, die Start- und Landebahn Süd dafür ganz nah: In nur etwa 200 Meter Entfernung von der Piste haben die Flughafenbauer beim Einödhof Franzheim (nahe des Ortsteils Schwaig von Oberding) einen Aussichtshügel angelegt, von dem sich das Aufsetzen und Abheben der großen Vögel aus allernächster Nähe erleben lässt. Ein Rundweg und eine Treppe führen auf die etwa 20 Meter hohe Kuppe. Der Zugang kostet nichts.

Durch die grünen Isarauen der Stadt

Im Tierpark sind Radler willkommen, das Radl hat draußen Pause

Abfahrt ab München
alle 10 Minuten.

Fahrzeit ab Marienplatz:
11 Minuten.

Fahrpreis: 1 Zone /
2 Streifen.

Rückfahrt:
U6 ab Studentenstadt.

Route: Aumeister – Maximilianeum – Flaucher – Tierpark und zurück.

Weglänge: 25 km.

Anspruch: Eine Radeltour nahezu völlig abseits vom Verkehr, fast immer in der grünen Isaraue, und doch mitten durch die Millionenstadt. Am Weg liegen schöne Biergärten und viele Sehenswürdigkeiten.

Der **Tierpark Hellabrunn** wurde 1928 als erster Geo-Zoo der Welt gegründet: Die Tiere werden in dem 36 Hektar großen Gelände in den Isarauen nach ihrer geografischen Verbreitung in geräumigen Gehegen gezeigt. Der Tierpark ist berühmt für seine Nachzuchten bedrohter Tierarten, darunter das Urwildpferd, der Waldbison, Moschusochsen und Orang Utans.

Die Radltour

Am U-Bahnhof überqueren wir die Ungererstraße und fahren auf der Grasmeierstraße nach Osten zum Englischen Garten. Hier geht es nach rechts über den Schwabinger Bach und weiter an ihm entlang, über die Brücke am

Vor 100 Jahren wurde es den Münchnern geschenkt: Das zauberhafte Müllersche Volksbad im Jugendstil.

Mittleren Ring zum Seehaus. Nun radeln wir immer südlich am Kleinhesseloher See und am Chinesischen Turm vorbei, halten uns dann links, überqueren die Tivolibrücke und folgen nun nach rechts immer dem Rad- und Fußgängerweg am östlichen Isarufer nach Süden bis zur Thalkirchner Brücke vor dem Tierpark (Möglichkeit der Rückreise ab U-Bahnhof Thalkirchen, nach rechts über die Brücke). Der Rückweg beginnt mit einem Stück zurück auf der Herwegroute, zweigt dann nach links ab über die Flaucherbrücke hinüber, folgt nach rechts der Isar, überquert auf der Hefner-Alteneck-Straße den Großen Stadtbach und setzt sich dann weiter nordostwärts auf der Einmündung des Radwegs entlang des westlichen Isarufers an der Wittelsbacher Straße fort. Wir bleiben nun immer in Nordrichtung am Isarufer. Bei der Tivolibrücke stoßen wir auf die vom Herweg bekannte Route und fahren nun in ihrer Umkehrrichtung zum Ausgangspunkt zurück.

Einkehren am Weg
Aumeister, Hirschau, Seehaus, Chinesischer Turm, Flaucher.

Sehenswert

Es gibt viel zu sehen auf dieser Tour durch die Stadt: Direkt am Weg zum Beispiel der **Aumeister**, der 1810/11 als Aujägermeisterhaus nach Plänen des Hofmaurermeisters Josef Deiglmayr erbaut wurde. Das frühklassizistische **Rumfordhaus** errichtete im Englischen Garten – nach Plänen des Grafen Rumford – 1791 Hofkriegsrat Johann Baptist Lechner für Festlichkeiten. Der **Chinesische Turm** ist eine freie Nachbildung der Pagode des Architekten Chambers von 1789, er brannte 1944 ab und wurde 1952 wieder aufgebaut. Auf dem Aushubhügel des Kleinhesseloher Sees steht der **Monopteros**. Leo von Klenze errichtete ihn 1836 als Denkmal für die Begründer und Förderer des Englischen Gartens, Karl Theodor und Max I. Das **Maximilianeum**, der Sitz des Bayerischen Landtags, wurde zwischen 1857 und 1874 von Friedrich Bürklein im Auftrag von König Max II. erbaut. Das zauberhafte **Volksbad** im Jugendstil mit zwei Schwimmhallen (eine damals nur für Damen gedacht) ist eine Stiftung des Zivilingenieurs Karl Müller für die Münchner. Gebaut hat es 1897-1901 Carl Hocheder.

Riesenschau der Naturwissenschaft
Das Deutsche Museum ist das größte technische Museum der Welt. Der Erzgießer Ferdinand von Miller gab die Anregung dazu. Gebaut haben es Gabriel und Emanuel von Seidl, 1906–25 den Sammlungsbau, 1928–32 den Bibliotheksbau. Den Saalbau errichtete 1928–35 German Bestelmeyer. Das Museum zieht alljährlich Millionen Besucher an.

Eine Produktion des Bruckmann-Teams

Titelfoto:
Bernd Glocke

Bearbeitung und Fotos:
Bernd Glocke, i-team GmbH, München

Kartenskizzen:
Zeichnungen von Hans Erlbach
farbig aufbereitet von Roland Eisele

Alle Angaben dieses Werkes wurden sorgfältig recherchiert,
auf den aktuellen Stand gebracht und auf Stimmigkeit geprüft.
Für die Richtigkeit der Angaben kann jedoch keine Haftung
übernommen werden. Für Hinweise und Anregungen sind wir
jederzeit dankbar. Bitte richten Sie diese an den Bruckmann Verlag,
Lektorat, Postfach 80 02 40, 81612 München.

Gedruckt auf chlorfrei gebleichtem Papier

Die Deutsche Bibliothek – CIP-Einheitsaufnahme
Ein Titeldatensatz für die Publikation ist bei
Der Deutschen Bibliothek erhältlich.

Gesamtverzeichnis gratis:
Bruckmann Verlag, Postfach 80 02 40, 81612 München
Internet: www.bruckmann.de

© 2001, 2000 Bruckmann Verlag GmbH, München
Alle Rechte vorbehalten.
Printed in Italy by Printer Trento S.r.l.
ISBN 3-7654-3522-8